◎湖南省自然科学基金青年基金项目（2020JJ5106）

◎湖南省教育厅科学研究项目优秀青年项目（18B343）

◎湖南省社会科学成果评审委员会课题一般项目（XSP19YBZ155）

◎湖南工商大学青年创新驱动计划项目（18QD03）

投资者分歧对股价波动及风险－收益关系的影响研究

The Effect of Disagreement on Stock Price Volatility and Risk-Return Relation

◎贾 云 著

中国矿业大学出版社

China University of Mining and Technology Press

·徐州·

图书在版编目（CIP）数据

投资者分歧对股价波动及风险 - 收益关系的影响研究 /
贾云著 . —徐州：中国矿业大学出版社，2021.12

ISBN 978-7-5646-5253-1

Ⅰ.①投… Ⅱ.①贾… Ⅲ.①投资者－影响－股票价
格－研究 Ⅳ.① F830.91

中国版本图书馆 CIP 数据核字 (2021) 第 257929 号

书　　　名　投资者分歧对股价波动及风险 - 收益关系的影响研究
　　　　　　Touzizhe Fenqi dui Gujia Bodong ji Fengxian-Shouyi Guanxi de
　　　　　　Yingxiang Yanjiu

著　　　者　贾　云
责任编辑　夏　然
出版发行　中国矿业大学出版社有限责任公司
　　　　　　（江苏省徐州市解放南路 邮编 221008）
营销热线　(0516)83884103　83885105
出版服务　(0516)83995789　83884920
网　　　址　http://www.cumtp.com　E-mail: cumtpvip@cumtp.com
印　　　刷　湖南省众鑫印务有限公司
开　　　本　710 mm×1000 mm　1/16　印张 12.5　字数 190 千字
版次印次　2021 年 12 月第 1 版　2021 年 12 月第 1 次印刷
定　　　价　78.00 元

（图书出现印装质量问题，本社负责调换）

贾　云　金融学博士，毕业于华南理工大学经济与贸易学院，现任湖南工商大学财政金融学院讲师，主要研究方向为行为金融、金融工程与资产定价。先后主持湖南省自然科学基金青年基金项目1项，湖南省教育厅科学研究项目优秀青年项目1项，湖南省社会科学成果评审委员会课题一般项目1项，湖南工商大学青年创新驱动计划项目1项，参与国家自然科学基金项目、国家社会科学基金项目以及省部级项目多项。在 *Pacific-Basin Finance Journal*、*International Review of Economics and Finance*、*Economic Modelling*、*Emerging Markets Finance and Trade* 等国际核心期刊公开发表学术论文多篇。

前　言

党的十九大报告强调"健全金融监管体系，守住不发生系统性金融风险的底线"。股票市场是金融市场的重要组成部分，是支持经济持续健康发展的重要平台，在分散市场风险、优化资源配置、拓宽融资渠道等方面发挥着举足轻重的作用。同时，股票价格波动是度量股票风险最重要的指标之一，故股票价格预测和股票价格波动预测在金融风险管理中发挥着重要作用。因此，研究股票价格、股票价格波动及相关异象对我国保持金融市场稳定运行、促进宏观经济健康发展具有十分重要的意义。

同时，自20世纪80年代以来，行为金融理论凭借更为贴近实际的假设和对金融异象更为有力的解释，逐渐获得了学术界的认可。许多学者从行为金融视角对股票价格、股票价格波动及相关异象展开研究。我国证券市场与西方市场不同，存在着大量中小投资者（即通常所称的"散户"）。在大多数情况下，其交易行为并没有基于基本面信息来进行，更多的是以打听机构交易行为或者其他中小投资者的"私人信息"来作为其交易决策的依据。因此，在我国证券市场中，"追涨杀跌""盲目跟风"以及"快进快出"等情绪化交易行为普遍存在。此外，从整体上看，我国股市是典型的"政策市"。在我国当前经济发展转型的过程中，宏观政策制定往往具有一定的不连续性及不确定性，这在一定程度上加剧了市场非理性情绪及投资者非理性交易行为所造成的影响，使得我国股票市场的股价异常变动问题尤为突出。而这些与非理性交易行为相联系的股价变动无法仅仅依靠传统金融理论做出充分、合理的解释，需要借助行为金融理论进行结合研究。从这个意义上说，从行为金融视角对我国股票价格波动、股票价格特质波动、股票风险 - 收益关系及股票特质风险 - 收益关系展开研究更符合我国股票市场的特点。

因此，立足于现阶段国内外金融发展现状，针对现有研究文献的不足，本书沿着行为金融学的研究思路，采用分笔交易数据刻画个股层面的投资者分歧，在此基础上研究个股投资者分歧对个股价格波动、个股价格特质波动、个股层面的风险 - 收益关系及个股层面的特质风险 - 收益关系的影响。

本书具有重要的理论意义和现实意义。一方面，本书的研究成果可以加深对股票价格波动、股票价格特质波动、股票风险 - 收益关系及股票特质风险 - 收益关系相关规律的认识，可以丰富资产定价和行为金融学的相关理论，具有重要的理论研究价值。另一方面，不同于西方发达国家较为成熟的股票市场，我国股票市场中个人投资者的比例偏高，而个人投资者的信息是不对称的，此外，个人投资者受到教育程度、人生经历等因素的影响对信息的反应过程和处理方式也是具有较大差异的。基于上述两种原因，个人投资者很难对股票的未来收益持有一致的预期，即个人投资者的意见分歧是更为严重的，因此，投资者分歧是我国股票市场的一个典型特征，所以，从投资者分歧视角对我国股票市场展开研究符合我国股票市场的特点。同时，本书的研究成果可以为我国证券市场管理者进行市场监管提供理论依据，可以提高机构投资者的风险管理水平，可以有效引导个人投资者的投资行为。综上所述，本书的研究具有重要的现实研究价值。

本书是湖南省自然科学基金青年基金项目"大数据背景下基于拥挤交易行为的投资者分歧对股价波动的影响研究"（项目编号：2020JJ5106），湖南省教育厅科学研究项目优秀青年项目"大数据背景下拥挤交易及其传染对股价波动的影响研究"（项目编号：18B343），湖南省社会科学成果评审委员会课题一般项目"拥挤交易行为及其传染对股价特质波动的影响研究"（课题编号：XSP19YBZ155），湖南工商大学青年创新驱动计划项目"基于拥挤交易行为及其传染的股价波动研究"（项目编号：18QD03）的阶段性成果。

　　本书可供金融监管机构、机构投资者、个人投资者以及大中专院校经管大类专业学生参考。本书在材料收集等方面得到了湖南工商大学廖思诗同学的协助，同时，在写作过程中得到了华南理工大学杨春鹏教授的细心指导，得到了各位师兄、师姐、师弟、师妹的诸多帮助，得到了父亲贾春泽、母亲李泽等亲人的无私关爱和支持，得到了湖南工商大学领导和同事们的亲切关怀，在此致以诚挚感谢！

贾　云

2021年11月

目　录

第1章 引 言

1.1 研究背景与意义

股票市场是金融市场的重要组成部分，是支持经济持续健康发展的重要平台，在分散市场风险、优化资源配置、拓宽融资渠道等方面发挥着举足轻重的作用。此外，股票市场具有波动性、复杂性及不确定性等基本特点，股票价格适度的波动有助于股票市场活跃度的增强和流动性的提高，而股票价格剧烈频繁的波动却会严重扰乱股票市场的资源配置功能和价格发现功能、严重影响宏观经济的正常运行。因此，研究股票价格波动对保持金融市场稳定运行、促进宏观经济健康发展具有十分重要的意义。

自 Markowitz（1952）提出资产组合理论（Modern Portfolio Theory，MPT）以来，股票价格波动研究一直是金融学领域的热点问题。20世纪70年代以前，在金融学研究中，传统金融理论占据着无可争议的主导地位。传统金融理论以有效市场假说（Efficient Market Hypothese，EMH）为基石，假定投资者是理性的并且市场是有效的，因此，股票价格的波动仅由基本面信息所决定。此外，传统金融理论认为风险分为系统性风险和非系统性风险两类，其中，只有系统性风险能获得风险溢价补偿，而非系统性风险不能获得相应的风险溢价补偿。然而，从20世纪70年代末开始，金融市场涌现出大量有悖于传统金融理论的投资者异常行为和金融市场异象，传统金融理论无法对其做出合理的解释，完备的传统金融理论体系面临着金融事实的挑战。由此，学术界开始质疑传统金融理论的基本假设是否合理。自20世纪80年代以来，许多学者在放松传统金融理论基本假设的基础上，在金融决策分析过程中引入心理学和行为学，从不同角度对投资者异常行为和金融异象进行探讨，逐步构建出行为金融学的基本分析框架。行为金融理论认为股票市场是典型的信息不对称市场，影响股票价格波动的因素很多，除了基本面因素会影响股票价格波动之外，还有一系列非基本面因素（如噪音、投资者情绪、投资者行为等非理性因素）会对股票价格波动产生重要影响。此外，行为金融理论认为股票风险与股票收益之间不一定是正向关系，也有可能是不相关关系或者是负向关系；同样地，行为金融理论认为股票特质风险会对股票收益产生系统性影响，且该影响为负向影响。凭借更为贴近实际的假设和对金融异象更为有力的解释，行为金融理论逐渐获得了学术界的认可。由此，许多学者从行为金融视角对股票价格波动、股票价格特质波动、股票风险 - 收益关系及股票特质风险 - 收益关系展开研究。

中国证券市场自20世纪90年代诞生以来，历经了20多年的高速发展期，在全球金融市场中开始占据越来越重要的地位。然而，与西方发达国家证券市场相比，我国的股票市场在许多方面仍然很不成熟，如市场交易制度不完善、信息披露机制不健全、投机氛围浓郁等。同时，与西方市场不同，我国证券市场中存在着大量中小投资者（通常所称的"散户"），由于他们受到资金实力、信息获取途径以及定价分析能力上的限制，在大多数情况下，其交易行为并没有基于基本面的信息来进行。取而代之的是，大量中小投资者更多的是以打听机构交易行为或者是其他中小投资者的"私人信息"来作为其交易决策的依据。因此，在我国证券市场中"追涨杀跌""盲目跟风""快进快出"等众多情绪化交易行为普遍存在。此外，从整体上来看，中国股票市场的表现非常容易受到政府政策的影响，在我国当前经济发展转型的过程中，宏观政策制定往往具有一定的不连续以及不确定性，这在一定程度上加剧了市场非理性情绪所造成的影响，使得我国股票市场的异常波动问题尤为突出。虽然股市供求的失衡和政府对股市过度和不准确的干预可能是导致股票市场存在股价异常波动的重要原因，然而很多时候股价波动还表现出了许多投资者交易行为的非理性特征。而这些与非理性交易行为相联系的股价波动无法仅仅依靠传统金融理论做出充分、合理的解释，需要结合行为金融理论进行研究。行为金融研究证明，股票价格波动归根结底都是由投资者的投资交易行为所决定的，投资者行为效应是股价波动的深层原因。从这个意义上说，从行为金融视角对我国股票价格波动、我国股票价格特质波动、我国股票风险 - 收益关系及我国股票特质风险 - 收益关系展开研究符合我国股票市场的特点。

通过我国股票市场的特征可知，相对于西方成熟市场而言，行为金融学在我国证券市场中的应用将具备更加深远的理论和现实意义。沿着行为金融学的研究思路，本书试图从投资者分歧角度对股票价格波动、股票价格特质波动、股票风险 - 收益关系及股票特质风险 - 收益关系展开研究。投资者分歧是行为金融学中一种十分重要的非理性因素，国内外学者从理论和实证的角度研究了其对资产价格和资产价格波动的影响。然而，国内外学者多从理论上探讨了投资者分歧对资产价格波动的影响，较少学者从实证上检验了投资者分歧与资产价格波动之间的关系，并且尚未有研究从实证上分析了个股投资者分歧对股票价格波动、股票价格特质波动、股票风险 - 收益关系及股票特质风险 - 收益关系的影响。因此，本书试图采用分笔交易数据刻画个股层面的投资者分歧，在此基础上研究个股投资者分歧对个股价格波动、个股价格特质波动、个股层面的风险 - 收益关系及个股层面的特质风险 - 收益关系的影响。

从投资者分歧角度对股票价格波动、股票价格特质波动、股票风险 - 收益关系及股票特质风险 - 收益关系进行分析，具有重要的理论意义和现实意义。一方面，本书的研究成果可以加深对股票价格波动、股票价格特质波动、股票风险 - 收益关系及股票特质风险 - 收益关系相关规律的认识，可以丰富资产定价和行为金融学的相关理论，具有重要的理论研究价值。另一方面，不同于西方发达国家较为成熟的股票市场，我国股票市场中个人投资者的比例偏高，而个人投资者的信息是不对称的，此外，个人投资者受到教育程度、人生经历等因素的影响对信息的反应过程和处理方式也是具有较大差异的，基于上述两种原因，个人投资者很难对股票的未来收益持有一致的预期，即个人投资者的意见分歧是更为严重的，因此，投资者分歧是我国股票市场的一个典型特征，所以，从投资者分歧视角对我国股票市场展开研究符合我国股票市场的特点；同时，本书的研究成果可以为我国证券市场管理者进行市场监管提供理论依据，可以加强机构投资者的风险管理水平，可以有效引导个人投资者的投资行为；综上所述，本书的研究具有重要的现实研究价值。

1.2　研究内容与方法

1.2.1　研究内容

根据本书的研究问题，其主要研究内容包括如下四大部分。

1．从投资者分歧角度对股票价格波动展开研究

本书首先构建了中国股票市场2 441只A股的基于投资者拥挤交易行为的个股投资者分歧指标，接着采用Fama-MacBeth横截面回归分析验证了个股投资者分歧对股票价格波动的影响。进一步地，本书分别剔除了一定比例的小规模股票、一定比例的发行年限较短的股票以及一定比例的低机构持有股票，验证了投资者分歧对股票价格波动的影响并不会受到股票不同特征（规模特征、发行年限特征以及机构持有特征）的影响。

2．从投资者分歧角度对股票价格特质波动展开研究

自Campbell等（2001）的研究以来，越来越多的学者开始关注股票价格特质波动的相关研究。由第一部分内容可知，个股投资者分歧对个股价格波动有着系统性影响，因此本书试图进一步研究个股投资者分歧对个股层面的股票价格特质波动的作用。首先，本书采用1.1内容所构建的股票层面的基于投资者拥挤交易行为的投资者分歧指标，使用Fama-MacBeth横截面回归分析，以中国股票市场的2 441只A股为样本，研究了个股投资者分歧与股票价格特质波动的横截面效应。接着，为了分析股票价格特质波动与投资者分歧之间的关系是否依赖于股票不同特征（规模特征、发行年限特征以及机构持有特征）的

影响，本书在分别剔除一定比例的小规模股票、一定比例的发行年限较短的股票以及一定比例的低机构持有股票以后，对投资者分歧与股票价格特质波动的横截面影响展开了研究。

3．从投资者分歧角度对股票风险－收益关系展开研究

因为个股层面的投资者分歧既会影响股票价格又会影响股票价格波动，所以，本书试图检验个股投资者分歧指标是否会对股票风险－收益关系造成影响。本书先以个股价格波动和第一部分内容所构建的个股投资者分歧对2 441只A股进行二维分组，验证了个股投资者分歧对股票风险－收益关系的显著性影响，并试图从个股投资者分歧视角解释股票风险－收益负相关这一金融异象。进一步地，本书选取股票的规模特征、发行年限特征以及机构持有特征刻画股票的不同公司特征，接着，对我国股票市场的2 441只A股按照个股价格波动、个股投资者分歧以及股票的公司特征进行三维分组，进而对不同的股票组合进行时间序列回归分析，以此验证上述实证结果的稳健性。

4．从投资者分歧角度对股票特质风险－收益关系展开研究

基于个股投资者分歧指标对股票价格和股票价格特质波动均有着重要影响，本书试图进一步分析个股层面的投资者分歧对股票特质风险－收益关系的作用。本书先同样使用第一部分内容所构建的基于投资者拥挤交易行为的个股投资者分歧指标来刻画投资者分歧，并且按照个股价格特质波动和个股投资者分歧对中国股票市场的2 441只A股进行二维分组，分析了个股投资者分歧对股票特质风险－收益关系的显著性影响，并试图通过个股投资者分歧指标这一角度对"特质波动之谜"这一金融异象进行解释。接着，本书在考虑股票的不同公司特征（规模特征、发行年限特征以及机构持有特征）后，进一步凭借个股价格特质波动、个股投资者分歧以及股票的公司特征对股票样本进行三维分组，并对以此构建的不同股票组合采用时间序列回归，从而检验上述实证结果是否会受到股票不同公司特征的影响。

具体而言，本书分为7章，其结构安排如下：

第1章，引言。理清与本书有关的研究背景，据此提出本书研究的切入点和问题，接着阐述本书研究的理论意义和现实意义，进而叙述本书的研究内容与方法，最后归纳总结本书的创新之处。

第2章，文献综述。本章梳理了股票价格波动影响因素的研究现状、股票价格特质波动影响因素的研究现状、股票风险 - 收益关系的研究现状、股票特质风险 - 收益关系的研究现状以及投资者分歧的研究现状，总结分析了当前研究的不足与空白处，进一步明确本书的创新切入点和未来研究方向，为之后的研究提供理论依据和借鉴方法。

第3章为本书的核心内容，主要探讨了个股投资者分歧指标对个股价格波动的横截面影响。

第4章为本书的核心内容，主要检验了个股投资者分歧与个股价格特质波动的横截面效应。

第5章为本书的核心内容，主要研究了个股投资者分歧对股票风险 - 收益关系的作用，并试图基于个股投资者分歧角度对股票预期收益与股票价格波动呈负相关这一金融异象进行解释。

第6章为本书的核心内容，主要分析了个股投资者分歧对股票特质风险 - 收益关系的影响，并试图从个股投资者分歧角度对股票预期收益与股票价格特质波动呈负相关这一金融异象进行解释。

第7章，结论。本章总结归纳全书主要的研究结果，并进一步提出未来的研究方向。

本书拟研究内容及结构安排如图1-1所示。

1.2.2 研究方法

根据本书的研究内容，本书主要采用实证分析进行研究，拟采用的技术路线与研究方法如图1-2所示。

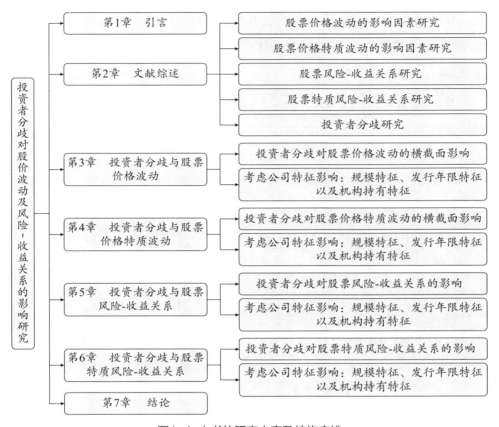

图1-1 本书的研究内容及结构安排

（1）针对股票价格波动的实证研究（包含个股投资者分歧与股票价格波动之间关系的实证研究及个股投资者分歧与股票价格特质波动之间关系的实证研究），本书拟采用统计方法构建个股投资者分歧指标，运用 Matlab 软件利用 Fama-MacBeth 横截面回归分析方法检验个股投资者分歧与股票价格波动的横截面效应以及个股投资者分歧与股票价格特质波动的横截面效应。

（2）针对股票风险 - 收益关系的实证研究（包含股票层面的投资者分歧对股票风险 - 收益关系的影响研究及股票层面的投资者分歧对股票特质风险 - 收益关系的影响研究），本书试图使用 Matlab 软件对股票样本按照个股价格波动和个股投资者分歧，个股价格特质波动和个股投资者分歧分别进行二维分组，进而运用 Stata 软件进行时间序列回归分析，以分析个股投资者分歧对股票风险 - 收益关系的显著影响和个股投资者分歧对股票特质风险 - 收益关系的显著影响。

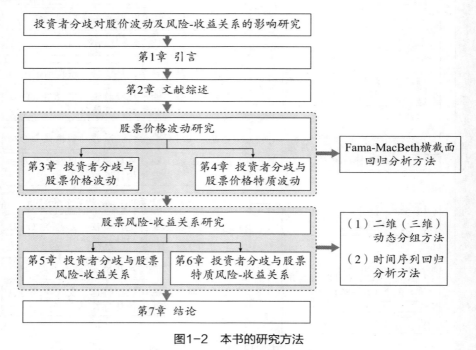

图1-2　本书的研究方法

（3）针对股票风险 - 收益关系的实证研究（包含股票风险 - 收益关系与个股层面的投资者分歧之间关系的研究以及股票特质风险 - 收益关系与个股层面的投资者分歧之间关系的研究），本书拟考虑股票的规模特征、股票的发行年限特征以及股票的机构持有特征作为股票的公司特征，并采用 Matlab 软件分别根据个股价格波动、个股投资者分歧及股票的公司特征，个股价格特质波动、个股投资者分歧及股票的公司特征对2 441只 A 股进行三维分组，且进一步使用 Stata 软件对构建的股票组合进行时间序列回归分析，从而验证个股投资者分歧在不同公司特征类型的股票组合中对股票风险 - 收益关系和股票特质风险 - 收益关系的影响。

1.3　本书创新之处

本书的创新之处主要体现在：

（1）本书构建了个股层面的基于投资者拥挤交易行为的投资者分歧指标。使用分笔交易数据，本书将个股主买交易量（个股主卖交易量）在个股自由流通股本中的占比定义为个股投资者主买拥挤交易行为指标（个股投资者主卖拥挤交易行为指标），将个股投资者主买拥挤交易行为指标和个股投资者主卖拥挤交易行为指标之差定义为个股投资者分歧指标，用以表征对于某一特定股票主买投资者和主卖投资者之间的投资者分歧。这一指标不仅能较好地度量实际金融市场中投资者真实行为的分歧，同时还能较好地反映实际金融市场中投资者真实想法的分歧。

（2）本书从投资者分歧角度对股票价格波动进行实证研究。有关投资者分歧与资产价格波动的理论研究已经取得了较为丰硕的结果，然而较少文献从实证层面探讨这一问题，特别地，尚未有文献对投资者分歧与股价波动之间的关系展开检验。本书认为十分有必要对个股投资者分歧与股票价格波动之间的关系进行实证研究，从而对相关理论研究进行验证，并丰富相关领域的实证研究成果。

（3）本书从投资者分歧视角入手对股票价格特质波动展开分析。股票价格特质波动的研究是金融学近十几年的热点，相关文献已经证明了非理性因素对股票价格特质波动的影响。但是，已有文献并未探讨投资者分歧这一十分重要的非理性因素对股票价格特质波动的影响。鉴于目前国内外学术界针对投资者分歧与股票价格特质波动的相关研究尚不充分，因而本书的研究可能丰富了相关领域的研究成果。

（4）本书分析了个股投资者分歧对股票风险 - 收益关系的影响。有关股票风险 - 收益关系的研究存在着充满争议的结论，已有研究认为波动算法的不同是造成这一现状的原因。然而，有学者发现即使在使用不同的波动算法时，从非理性因素角度（如市场投资者分歧）进行分析也可以得到一致的结论。目前，尚未有学者从个股投资者分歧角度对这一问题进行分析。由此，本书认为对股票风险 - 收益关系与个股投资者分歧之间的关系展开研究是十分重要的，这一研究可以补充并丰富相关的实证研究成果。

（5）本书检验了个股投资者分歧对股票特质风险 - 收益关系的作用。国内外学术界大多基于技术、公司特征、非理性因素这三个角度来解释"特质波动之谜"，但已有研究表明现存解释并不能完全解释"特质波动之谜"。非理性因素是解释"特质波动之谜"的一个主要方面，同时投资者分歧是一类十分重要的非理性因素，但尚未有研究从这一角度对上述问题展开分析。因此，本书认为从投资者分歧角度解释"特质波动之谜"是十分有必要的，且本书的结果可以对相关领域的研究做出进一步的丰富和完善。

第2章 文献综述

2.1 股票价格波动的影响因素研究

1952年，美国著名金融学家、诺贝尔经济学奖获得者 Markowitz 在 "*Portfolio Selection*" 一文中，第一次从资产收益与资产风险的权衡关系出发，通过均值—方差关系探讨了不确定性条件下资产组合的最优选择问题，为现代金融理论的发展奠定了坚实的基础。同时，Markowitz（1952）也于该文中第一次提出以资产价格波动来度量资产风险的观点。自此，金融学实证研究中涌现出越来越多资产价格波动的估计方法，资产价格波动也逐渐成为金融学领域的热点问题。传统金融理论以有效市场假说为基石，认为投资者是理性的并且市场是有效的。即使金融市场中确实存在着非理性投资者，因为其相互交易的随机性（非系统性），其非理性交易也会相互之间抵消，不会使股票价格偏离其基础价值，进而影响股票价格波动；同时，即使非理性投资者们会犯一样的错误，大量理性套利者的存在也会消除非理性交易对股票价格及股票价格波动的影响。因此，传统金融理论认为股票价格波动仅由基本面信息决定。然而，20世纪80年代，Shiller（1981）以及 LeRoy 等（1981）通过实证研究发现，股票价格存在着超越波动边界的过度波动，这一金融事实无法用传统金融理论进行合理的解释。自此，学者们开始意识到，股票价格波动除了受到基本面因素的影响外，还会受到非基本面因素的影响，并由此开辟了行为金融研究的热潮。行为金融理论认为，在现实金融市场中，非理性投资者是大量存在的，并且他们之间的非理性交易是系统性相关的；同时，现实金融市场中套利行为是有摩擦的（如套利成本、套利限制等因素的影响），因此，即使理性套利者存在，也不能有效纠正非理性交易对股票价格及股票价格波动的影响。基于此，行为金融理论从投资者行为等非理性因素角度对股票价格波动及与股票价格波动相关的异象进行了解释。这些研究较好地解释了金融市场的异象，从而获得了旺盛的生命力。本书在这一部分拟从传统金融视角下股票价格波动的影响因素研究和行为金融视角下股票价格波动的影响因素研究两方面进行阐述。

2.1.1 传统金融视角下股票价格波动的影响因素研究

传统金融理论认为股票价格波动仅受基本面因素影响，与非基本面因素无关。在肯定了基本面因素对股票价格波动的影响后，国内外学者开始研究能够对股票价格波动产生重要影响的各个具体因素。

Colacito 等（2011）以及 Ioannidis 等（2008）从股票定价理论角度出发，以现金流贴现模型为基础，发现宏观经济政策的变动，特别是货币政策变动的不确定性和长期消费增长前景的变动会影响股票市场的预期折现因子，从而改变股票的理论定价和内在基础价值，并反映在二级市场的交易价格上。同样的，Balvers 等（2009）也从股票定价理论出发，以 CAPM 模型为基础对这一问题进行了研究。他们认为当宏观经济政策的变动导致流动性发生改变时，宏观经济政策会对股票价格产生重要的影响，从而影响股票价格波动。

Mishkin（2009）以2008年的金融危机为研究出发点，认为宏观经济政策的调控会对股票市场的动荡有重要影响。首先，他认为宏观经济政策的调控可以降低"负面反馈循环"效应，从而对整体经济发展发挥积极作用；其次，他认为宏观经济政策可以抑制金融市场的波动，对维护金融市场稳定发展起到积极作用。与之相类似，Gregoriou 等（2009）也以金融危机为研究出发点，他们发现在2008年金融危机爆发过程中，股票市场对货币因素冲击的反应具有"异常性"特征，而造成这种"异常"现象的原因在于市场预期的变动。他们认为，在不同的时期股票市场波动与宏观政策之间的关系会发生一定的变化，特别是在突发性重大事件出现时，其影响特征会发生更加明显的偏转，相关政策无法起到稳定市场的作用，反而会加大股票市场的波动。

Campbell 等（2004）以及 Luintel 等（2006）发现通货膨胀与股票市场长期收益之间存在显著的正相关关系，与短期收益之间存在负相关关系。当股票市场存在通货膨胀幻觉时，参与者对于宏观政策调整的预期会出现巨大的偏差，从而错误估计股票的理论价格，进而导致股票交易价格的剧烈波动。然而，随着对通货膨胀与股票市场波动之间的研究逐渐深入，部分学者发现通货膨胀率变化对股票市场波动的影响较为复杂，在不同时期，不同宏观经济环境，不同期限下二者之间的关系会发生一定的偏差（Gallagher et al.，2002）。

Bernanke 等（2005）以及 Kuttner（2001）对美联储联邦基准利率变动与股票市场波动之间的关系进行了研究。股票市场对于"未预期"的联邦基准利率调整反应比较剧烈，而对于"预期到的"变动，其反应相对较弱。他们认为随着宏观经济的发展及股票市场自身运行的阶段特征，使得预期的影响途径也发生明显的变化，当前联邦基准利率的变动主要通过影响市场参与者对宏观经济前景及企业未来收益预期来对股票价格的波动发挥作用。Bjørnland 等（2009）在结合长、短期特征的基础上，利用时间序列模型对该问题进行了实证研究发现，发现利率变动与股票指数收益率之间存在明显的相关关系，由此他们认为政策制定者在制定政策对宏观经济进行调控时，需要考虑股票市场的作用及可能带来的影响。类似地，Bredin 等（2007）对英国的状况进行了研究，他们所描述的预期的释放过程可以总结为：首先影响期货市场上的价格变动，进而影响到现货市场上均衡利率的变动，最终对股票市场的收益率产生影响，带来股票市场的波动。孙华好等（2003）对股票市场波动、宏观政策调控、稳定物价与经济增长之间的相互关系进行了实证研究。他们发现，在各项宏观政策调整的过程中，利率政策变动对股票市场的影响效果更加明显。他们认为利率政策的"指示器效应"可能是该问题的最主要原因。崔畅（2007）以中国的数据为样本对不同的政策冲击在股票市场上的影响效果进行了实证研究，其研究同样认可了政策冲击的直接效果，并且认为政策制定者可以通过宏观政策调整对资产价格的波动产生真实影响。

Allen 等（1989）从货币供给数量变动的角度对流动性变动与资产价格变动之间的关系进行了研究。他们发现在"利率效应"与"资产替代效应"的共同作用下，流动性的变化是股票市场波动的重要原因。然而，进一步分析他们的研究可以看出，虽然他们认可了流动性冲击对股票市场波动的影响，但是，这种影响是一种依靠"利率效应"的间接影响。周晖（2010）以及周晖等（2009）认为能够反映流动性特征的货币供给量是股票市场波动一个重要原因，与此同时他们还发现，虽然货币供给量的变动能够影响股票市场的收益，但是，两者之间存在明显的溢出效应。该现象的存在直接影响了流动性因素对股票市场的影响效果。

Chordia 等（2005）同样研究了流动性因素变迁对股票市场运行的影响，他们利用美国的数据发现，相关宏观经济政策与市场流动性之间存在较高的关联性，政策的变动能够改变市场流动性。易纲等（2002）对货币供给量变动与股票市场收益率之间的关系进行了实证研究，同时，他们也考察了预期因素在该问题研究中的作用。他们发现货币供给量变动带来的市场流动性变化与股票市场波动之间的关系受到预期因素的影响，预期到的流动性冲击不会对股票市场收益率产生真实的影响；而未预期到的流动性冲击在不同的期限内其影响特征也存在一定的差别。在短期、中期及中长期内，未预期到的流动性冲击与股票市场收益率之间存在显著的正相关关系；而在长期内，即使是未预期到的冲击也不会对股票市场运行产生任何实质性的影响。

Lippi 等（2007）利用不完全信息下的新凯恩斯模型对该问题进行研究。他们利用欧洲的数据直接证明了广义货币供给量以及单位劳动成本对股票市场波动所发挥的作用。他们认为货币供给量的变动能够直接影响股票市场的波动，在该问题未来的研究过程中，必须考虑宏观经济体内的流动性特征。

许均华等（2001）发现宏观政策冲击与股票市场波动之间存在相关关系，特别是连续的政策冲击对股票市场的影响在中长期内更加显著，而由于"事件性"冲击的一次性特征使得其在长期内的影响程度随着时间的推移逐渐降低，因此，其对股票市场的影响多是短期效应。他们的研究认为政策性事件对股票市场的长期作用呈逐渐弱化的态势，从而更加强调了宏观政策的长期调控机制。

李浩等（2007）认为在当前我国金融市场与世界市场的联系更加紧密的背景下，外部因素的影响作用越来越明显。此时，宏观经济政策的影响渠道、作用也会受到外部因素的影响，特别是国际资本、国际金融市场运行等要素同样会成为影响我国股票市场波动的重要原因。周虎群等（2010）发现，国际资本流动会通过汇率因素对股票市场波动产生影响，并且在不同的期限内其影响特征存在一定的差别：长期的影响较为稳定，而短期的影响会出现一定的偏差，但是这样的偏差会逐渐得到修正。

邹文理等（2011）将预期因素引入研究中，认为除了政策属性、政策特征等因素外，预期、行业特征等其他客观因素的存在会能够改变政策冲击对股票市场的影响效果。徐亚平（2009）根据我国股票市场的数据对预期因素进行了更加深入的研究，他检验了预期的影响效果，并且认可其在该问题研究过程中的地位。

相较于非交易时间，资产价格的波动在交易时间更大，French 等（1986）试图对这一现象进行解释。他们从公共信息视角、私人信息视角及定价误差视角进行分析，发现私人信息是造成这一现象的主要原因。Vlastakis 等（2012）在公司水平和市场水平上研究了信息需求和股票价格波动之间的关系。基于谷歌（Google）上的搜索量，他们构建出了信息需求指标。他们发现，在市场水平和公司水平上，即使考虑了市场收益和信息供给的影响，信息需求与股票价格波动之间依然显著正相关；此外，在收益更高的时期，投资者对信息的需求会增加。类似地，Clark（1973）、Epps 等（1976）、Fama 等（1969）、Tauchen 等（1983）等学者均对信息和股票价格波动之间的关系进行了研究。

关于股票价格波动与公司管理水平之间关系的研究一直以来也受到许多学者的重视。Clayton 等（2005）认为对于任何一家公司，CEO 的更替都是一件影响显著的事件，因此 CEO 的更替会造成股票价格波动的改变。他们发现即使是 CEO 自愿离职并且是由公司内部人员接替 CEO 一职，在 CEO 更替之后股票价格波动也会增加。特别地，如果 CEO 是被迫离职，那么相较于 CEO 自愿离职的情况，此时公司股票价格波动会增加的更大。Pan 等（2015）将学习和 CEO 的管理能力结合在一起，用来研究其对股票价格波动的影响。与之前学者的预测一致，他们发现在标准的贝叶斯学习模型中，即使 CEO 任期的改变是基于外生原因的影响，股票价格波动也随着 CEO 任期的增加而减小。当公司信息的透明度更高且 CEO 能力在价值创造过程中更加重要时，如果对于 CEO 能力的不确定性更高，股票价格波动随着 CEO 任期增加而减小的速度会更快。

2.1.2　行为金融视角下股票价格波动的影响因素研究

行为金融理论认为，股票价格波动除了受到基本面因素的影响外，还会受到非基本面因素的影响。基于此，行为金融理论从非理性因素角度对股票价格波动及与股票价格波动相关的异象进行了解释。这些研究较好地解释了金融市场的异象，从而获得了旺盛的生命力。

行为金融的研究表明市场的波动一般归因于投资者情绪。2013年诺贝尔经济学奖获得者 Shiller 在畅销书《非理性繁荣》中谈到20世纪90年代的股市时认为"投资者投资时的情绪状态是导致牛市最重要的一个因素"（Song，2016）。

大量的文献从理论上表明投资者情绪对股票价格波动有重要的影响。Hong 等（2012）基于 Shleifer 等（1997）的模型基础，考虑了市场存在情绪投资者和风险中性的理性投机者的情况下验证套利者是否会放大经济冲击。他们发现情绪投资者的情绪会随着消息的公布而高涨或低落，影响其资产估值，进而影响资产价格波动。此外，通过实证检验，他们还发现高度卖空的股票对盈利消息更为敏感。Yang 等（2013a, 2013b）在基于消费的资产定价模型的框架下加入了投资者情绪，建立了静态资产定价模型。静态资产定价模型表明均衡价格可以分解成理性部分和情绪部分，从而投资者情绪对资产价格有重要的影响并且在具有众多异质性情绪的投资者的市场中，情绪部分具有财富加权的结构，也就是投资者的财富可以放大情绪冲击。同时，静态模型对资产搬家、价格泡沫和股票价格的高波动性也给出了解释。Yang 等（2014）为了展示情绪的易变性对资产价格的影响，把基于投资者情绪的静态资产定价模型推广到动态模型。动态模型表明在均衡时投资者情绪影响单个情绪投资者的认知价格，而且时变投资者情绪导致了多样的价格变化形式。在多个交易者情况下投资者情绪影响投资者下期的财富比例，而且股票价格是所有情绪投资者的认知价格的财富比例加权平均值。最后，模型说明了由于投资者情绪导致财富波动，导致了收益长期反转现象，即模型对收益长期反转之谜给出了部分解释。这一研究也进一步说明，投资者情绪会对股票价格波动造成影响。Yang 等（2013）基于 Grossman 等（1980）的框架，构建了一个包含基础信息的静态的情绪资产定价模型。考虑了一类不知情的情绪投资者，该类投资者极易受情绪的影响、误把情绪当作信息，基于自身的情绪进行相应的交易，因此，这一模型集中分析了信息交易者和情绪交易者的相互作用如何维持错误价格，并且当情绪投资者通过观察价格间接获得信息时金融资产如何定价。同样，该研究也说明投资者情绪的变化会对股票价格波动造成影响。Yang 等（2014）在 Kyle（1985）的框架的基础上，构建了一个存在两期交易的带信息的情绪资产定价模型。考虑了一类不知情的情绪投资者，分析了理性的信息交易者和非理性的情绪交易者的相互作用如何维持错误价格。该均衡价格由理性项和情绪项两部分构成，理性项部分使得价格回归理性预期值，情绪项部分使得价格偏离理性预期值，从而可以对价格泡沫、股票价格的高波动性和资产价格的过度反应等金融异象给出部分解释。Yang 等（2015）考虑到投资者在牛熊市的时候认知价值是不一样的，研究提出了包含理性套利者、情绪投资者和动量交易者的情绪资产定价模型，利用绝对风险厌恶（CARA）效用函数，最大化投资者的财富，采用供需均衡得到情绪资产定价模型,结果表明投资者情绪是反应不足和过度反应的根源。因此，投资者情绪通过投资者的过度反应、反应不足及套利有限性影响股票价格，从而进一步影响股票价格的波动。

在投资者情绪对股票价格波动的影响方式和程度的实证研究中，Lee 等（2002）进一步认为：投资者情绪的变化与市场超额收益正相关，与市场波动性负相关，即当投资者的悲观情绪会使得波动性增大，反之亦然。Ho 等（2013）引入马尔可夫结构转换模型，研究了公共信息情绪与个股价格波动之间的关系。他们发现两者之间显著相关，并且相较于好消息情绪的影响，坏消息情绪对个股价格波动的影响更大。此外，Da 等（2015）通过构建 FEARS（Financial and Economic Attitudes Revealed by Search）指标作为信息情绪的代理变量，研究了情绪与股票价格波动之间的关系，他们发现 FEARS 可以预测波动暂时性的增加。Verma 等（2007，2008）通过将投资者情绪分解为理性与非理性两个部分，研究了基本面交易与噪音交易对条件波动的相对影响，他们发现情绪是由理性因子与非理性因子共同驱动的，个体投资者情绪和机构投资者情绪对于股票价格的波动性都有显著的正面（或负面）的影响；此外，在对情绪与波动性的关系的研究中，他们通过乐观情绪与悲观情绪的区分，发现其对股市波动性的影响具有非对称性，具体来说：非理性情绪比理性情绪对于股票收益的正面影响更小，而非理性情绪对于股票收益的负面影响则更为显著。

国际清算银行在1998年年报中提出："机构投资者是金融领域的一支永恒的力量，因此，机构投资者的行为将成为金融市场中日益重要的决定性因素，其对金融市场的影响需要认真考虑。"正如国际清算银行年报所提到的那样，机构投资者已经成为各国证券市场一支主要的投资者力量。机构投资者行为与证券价格波动性的相互关系这一研究课题历来是金融学研究的重点。

在国内外，直接针对大投资者或机构投资者与股价波动的相互关系进行理论研究的文献很少。Cutler（1990）建立了一个包括正反馈交易者在内的采取不同交易策略的动态资产价格模型，考察了正反馈交易行为是否稳定价格波动。De Long 等（1990）建立的理论模型指出：由于股票市场上存在正反馈交易者，使得理性投资者无法发挥原有稳定股价的功能，并且可能造成市场更加不稳定。Plerou 等（2006）建立了在相对非流动性的市场中，由大投资者的交易所引起的过度波动的理论。该文首先对收益和成交量的数据、机构投资者资产规模分布总结出了具有统一规律性的幂律分布特征。在此基础上，作者设计了能生成大投资者（机构投资者）对价格的影响服从幂律分布的市场结构和过程。这种市场结构中资产的流动性较差，供给是固定的，市场的投资者包括：一个大投资者、流动性提供者和卖出者。价格生成过程分两个阶段，第一阶段是大投资者与流动性交易者通过谈判进行交易，该过程被分成离散的小区间，每个区间上进行一次。在时刻1以后，进入第二阶段，流动性提供者按照一定的条件从市场中购回股份。按照这种过程，大投资者的交易对价格产生的影响与大投资者交易量的平方根成正比。

在机构投资者行为对资产价格波动的影响这个问题上，学者们的看法并不十分统一，认为其扩大和减小资产价格波动的观点都存在。

一部分研究者认为机构投资者的存在促进了市场稳定，减小了市场波动性。许多学者从机构投资者主观偏好的角度来解释机构投资者有利于市场稳定的观点。Badrinath 等（1989）认为机构投资者会主动规避波动性较大的股票，并从审慎性保本角度进行了解释。Faugere 等（2003）通过研究2000年前后纳斯达克市场的表现却发现机构投资者比个人投资者更偏好波动性小的股票。另一些研究则进一步指出机构投资者也是导致某些股票波动性较小的原因。Gompers 等（2001）发现机构投资者偏好规模较大的公司，这也意味着其对风险较大、规模较小的公司持拒绝态度。Sias（1996）认为机构投资者的这种偏好可能包括：避免陷入小股票的流动性困境、避免内部人报告、避免过高持股比例带来的管理介入。他还认为市场波动性的来源是对股票的估值偏误，指出机构投资者的偏好将带动更多的证券分析师跟进，于是市场对该股票的估值偏误将缩小，直接结果就是该股票的波动性会降低。Zweig（1973）认为机构投资者对个人投资者的噪声交易具有冲销作用。另一些学者则是从羊群效应、机构投资者对市场效率的改进等角度来进行了研究。Wermers（1999）研究了1975—1994年间美国共同基金的行为，认为其存在一定程度的羊群行为，基金一致买入的股票比一致卖出的股票具有较高的同期和滞后收益，他由此认为基金的羊群行为其实带有较大的理性成分，加快了股价反映信息的速度，因而是有利于市场稳定的。Gompers 等（2001）研究了1980—1996年间的数据样本，发现机构倾向于在没有信息导致的价格增加中将股票卖给个人投资者，因而机构投资者的行为促进了价值回归，从而起到了稳定股价的作用。祁斌等（2006）使用当时上交所的非公开数据，采用统计学方法研究了2001—2004年间机构投资者与上海证券市场股票之间的波动性关联，发现机构投资者持股比例与股票波动性具有反向联系。我国许多研究者还在 Fama-Macbeth 回归分析框架的影响下，采用整理证券投资基金定期报告的方法获取研究数据，并采用 Fama-Macbeth 回归分析方法进行了研究。胡大春等（2007）使用1999—2004年间的季度数据研究了机构投资者持股比例与股票波动性的关系，也认同机构投资者对波动性具有抑制作用的结论，此项研究的特点在于采用了面板数据来开展研究，相对于逐季回归的方法而言具有更好的结论稳健性。盛军锋等（2008）运用 GARCH 事件模型界定了机构投资者大规模入市的三个政策时点，认为机构投资者的大规模进入市场促进了我国证券市场的稳定性。

另一些研究者认为机构投资者的行为增大了市场波动性，影响了市场稳定。许多学者从羊群行为角度来论证机构投资者会增加市场的波动性，主要论证机构投资者羊群行为的成因和羊群行为为何将增加市场的波动性。主要观点是机构投资者具有比个人投资者更强的羊群行为，从而导致股价的不稳定。Scharfstein 等（1990）指出资金管理人出于名声考虑，在观察或了解到其他同行的交易行为后倾向于不依赖个人信息而是会跟随他人进行交易，这样至少可以使得名声不受损。Froot 等（1992）认为机构投资者的羊群行为来自于他们在信息来源、所接收的市场信息、经济和数量模型、对冲策略等方面存在相当的一致性，当收到相同的证券分析师建议和公司盈利预测时，自然而然地做出相同的反应。Falkenstein（1996）也提到了基金经理追求业绩排名的个人主义行为会对市场波动性产生影响。

综上所述，传统金融理论虽然不断地放宽假设条件对股票价格波动进行解释，使传统金融体系不断发展，但是自20世纪80年代以来，证券市场涌现了许多有悖于传统金融理论的投资者异常行为以及金融市场异象，传统金融理论无法对其进行有效的解释。投资者异常行为以及金融市场异象的不断涌现使金融学家们思索传统金融理论假设的准确性和合理性，从而开辟了行为金融研究的热潮。当前，从非理性因素的角度对股票价格波动进行研究已经受到了学界的广泛认可。投资者分歧是一类十分重要的非理性因素，而现有文献并未从实证分析视角对其与股票价格波动之间的关系展开研究。因此，本书拟使用分笔交易数据构建股票层面的投资者分歧指标，并进一步从实证上分析个股投资者分歧指标对股票价格波动的影响。

2.2 股票价格特质波动的影响因素研究

Sharpe（1964）、Lintner（1965）和 Mossin（1966）分别提出了资本资产定价模型（CAPM），它是最为经典的资产定价模型，Sharpe 也因为在这方面所做的奠基性工作而获得了1990年的诺贝尔经济学奖。由 CAPM 模型可知，个人投资者面临两种风险：系统性风险和非系统性风险。其中，系统性风险不会因分散投资而消除，而非系统性风险是可以通过分散投资来消除的。然而，事实证明投资者并不会都持有完全分散风险的市场组合。Levy（1978）发现大部分个人投资者并不持有分散化组合，而是只持有少量的股票。Huberman（2001）经过调查也发现，投资者倾向于投资熟悉的股票，而忽视分散化投资。Goetzmann 等（2005a）的研究调查发现，在超过62 000个投资者当中，有25%以上的投资者们只关注、交易一只股票，有50%以上的投资者们只关注交易三只以内的股票资产，而只有不到10%的投资者会去关注并交易超过十只的股票资产。而 Campbell 等（2001）的研究表明要达到完全的分散化投资至少需要以50只股票构建组合。这些研究在实证证据上否定了CAPM模型的理论假设，并且进一步说明在实际投资中，非系统性风险是无法充分分散的。也就是说，非系统性风险在实际投资中是一个重要的定价因子，其作用是不容忽视的。为了更好地研究非系统性风险，类似于使用股票价格波动来度量股票风险，学者们开始使用股票价格特质波动（IVOL）来度量股票非系统性风险，并探讨股票价格特质波动的影响因素。本书在这一部分将从传统金融视角下股票价格特质波动的影响因素研究和行为金融视角下股票价格特质波动的影响因素研究两方面进行阐述。

2.2.1 传统金融视角下股票价格特质波动的影响因素研究

Campbell等（2001）发现美国股票市场在1962—1997年间，股票收益率的波动有了很大提高，而这一时期市场收益率的波动却保持相对平稳。因此他们得出结论，美国股票市场的特质波动在这一时期存在显著性的上升趋势，时间序列的实证检验也支持了这一结论。由于股票的特质波动表示回归模型中系统性因素所无法解释的部分，特质波动相对于市场波动的提高说明系统性风险对股票收益率的解释力下降。股票价格特质波动的研究逐渐成为学术界研究的热点，许多学者研究了影响股票价格特质波动的因素，具体如下。

Campbell等（2001）在他们关于股票价格特质波动的开创性文章中提出，垄断性企业集团的拆分、上市公司平均年龄的下降以及杠杆效应都有可能是导致股票价格特质波动提高的重要原因。

Wei等（2006）发现股票的净资产收益率（ROE）降低和净资产收益率的波动增大是引起美国股票价格特质波动提高的重要原因。

Gaspar等（2006）认为产品市场竞争通过两个渠道影响股票价格特质波动。一方面，公司的市场力量可以作为抵御生产率冲击的天然屏障（natural hedge），市场力量比较大的公司可以将冲击转移给消费者，从而减小冲击对利润的影响。另一方面，投资者并不知道上市公司真实的利润水平，他们只有通过不断的自我"学习"来预测上市公司的盈利水平，这不可避免地会出现预测偏差。预测偏差会直接影响到股票价格特质波动，预测偏差越大，股票价格特质波动越大。市场力量较大的上市公司具有稳定的现金流，因此可以减小投资者的预测偏差，降低股票价格的波动。他们采用 HHI 和勒纳指数来反映企业的市场力量，发现上市公司的 HHI 越高、勒纳指数越大，股票价格特质波动越小。这一研究视角已经开始向行为金融方向转移。

Cao 等（2008）从理论上和实证上证明公司的发展机会（growth option）会显著提高股票价格特质波动。在考虑了上市公司发展机会的影响后，Campbell 等（2001）发现的股票价格特质波动显著提高的结论不再成立。稳健性检验的结果表明，Cao 等（2008）的实证发现不受股票价格特质波动指标和公司增长机会指标选择的影响。

Irvine 等（2009）通过对股价的红利贴现模型进行简单的推导得出，股票价格的波动取决于现金流的波动。经济全球一体化、垄断行业的拆分等活动加大了产品市场的竞争程度，这在一定程度上提高了公司现金流的不确定性，从而影响到股票价格特质波动。他们的实证结果表明，股票价格特质波动和公司现金流的波动确实都在不断提高，而且在考虑了上市公司构成变化等因素后结论仍然成立。他们采用公司的资产回报率（ROA），行业中企业的进入、退出以及外资公司占全行业的市场份额来衡量产品市场的竞争程度。实证结果表明，公司资产回报率的提高会显著地降低股票价格特质波动，企业进入、退出比例的提高以及外资企业市场份额的提高则显著增加了股票价格特质波动。

Fink 等（2010）研究了美国互联网泡沫时期股票价格特质波动提高的原因。他们发现在美国网络泡沫时期，大量的新创立公司上市改变了股票市场的公司构成，而新创立公司由于成立时间较短，现金流存在较大的不确定性，从而导致股票价格特质波动大幅提高。

Rajgopal 等（2011）认为美国上市公司财务报表质量的下降，是20世纪60年代以来美国市场股票价格特质波动提高的重要原因。在控制住以往文献中发现的重要影响因素后，结论仍然成立。

2.2.2　行为金融视角下股票价格特质波动的影响因素研究

许多学者也从行为金融角度对影响股票价格特质波动的因素进行了研究：

Xu 等（2003）认为机构投资者持股比例以及预期盈利增长的提高是导致股票价格特质波动提高的原因。同时，Xu 等（2003）考虑到新上市的股票由于公司成立时间较短，公司业绩缺乏稳定性，与已有股票有可能存在显著的系统性差异，他们将这些新上市股票剔除后，发现结论仍然成立。Bennett 等（2003）也支持了这一观点。

Brandt 等（2010）发现到2003年时，美国股票市场股票价格特质波动又恢复到了20世纪90年代以前的水平，也就是说 Campbell 等（2001）发现的股票价格特质波动提高的现象并不存在时间性趋势，仅仅是一个偶发的现象（episodic phenomenon）。他们将股票价格特质波动的暂时性增加归因于个人投资者在互联网泡沫时期的投机行为。而且，股票价格特质波动的提高主要集中在股价较低、股权较分散的股票之中。Foucault 等（2011）支持了 Brandt 等（2010）的观点。他们认为个人投资者可以视作噪音交易者，因此，个人投资者的交易对于股票价格特质波动有显著的正效用。

Lee 等（2011）构建了一个带噪声的多期理性模型，研究股票价格特质波动与信息含量之间的关系，发现股票价格特质波动与股票价格中的信息含量呈 U 形关系，即在信息透明度较高的股票市场中，信息含量的增加将导致股票价格特质波动的增加；而在噪声较多的股票市场中，信息含量的增加将导致股票价格特质波动的减少。

陈浪南等（2014）利用我国上证 A 股市场1997—2010年相关数据，分别采用 CMLX 的非参数方法和基于经典资本资产定价模型的参数方法度量了我国股票价格特质波动，并利用 Fama-MacBeth 截面回归方法考察了影响我国股票价格特质波动的决定因素。他们发现，我国股票价格特质波动的增加，并不能表示股票市场反映上市公司内在价值的有效性和及时性提高，投资者非理性投资造成的噪音交易是我国股票价格特质风险变动的主要原因。陈浪南等（2016）也支持了这一观点，他们发现发放现金股利的公司，信息透明度较高，噪声交易者风险较低，股票特质风险相对较小；投资者情绪越乐观，股市非预期流动性越高，股票特质风险越大。

综上所述，传统金融理论认为系统性风险不会因分散投资而消除，而非系统性风险是可以通过分散投资来消除的。然而，许多金融事实证明投资者并不会都持有完全分散风险的市场组合，并且进一步说明在实际投资中，非系统性风险是无法充分分散的。也就是说，非系统性风险在实际投资中是一个重要的定价因子，其作用是不容忽视的。为了更好地研究非系统性风险，类似于使用股票价格波动来度量股票风险，学者们开始使用股票价格特质波动来度量股票非系统性风险，并进一步探讨股票价格特质波动的影响因素。迄今为止，从行为金融视角对股票价格特质波动影响因素展开的研究较为分散，并且现有研究并未从投资者分歧角度对股票价格特质波动展开分析。而投资者分歧是行为金融学中十分重要的非理性因素，由此，采用分笔交易数据，本书试图构建个股投资者分歧指标，并从实证上检验其对股票价格特质波动的影响。

2.3 股票风险－收益关系研究

股票风险－收益关系研究一直是金融学研究中的热点问题，本书在这一部分将从股票风险－收益正相关、股票风险－收益负相关、股票风险－收益关系较为复杂三部分进行说明。

2.3.1 股票风险－收益正相关

20世纪60年代中期，在Markowitz（1952）"均值—方差"分析框架的基础上，Sharpe（1964）、Lintner（1965）和Mossin（1966）提出了资本资产定价模型（CAPM），运用均值—方差关系描述了风险与收益之间存在的简单的线性正相关关系。此后，Merton（1973）运用动态规划原理和伊藤随机分析技术将 CAPM 发展为跨期资本资产定价模型（ICAPM），建立了一个连续时间的资产定价理论框架，研究风险 - 收益的跨期关系。在 ICAPM 中，投资者追求的不再是当期效用的最大化，而是一生效用最大化。Merton（1980）进一步研究发现资产的条件期望收益率与条件方差正相关，为后续的大量实证研究奠定了坚实的理论基础，而风险 - 收益之间具有正相关性也逐渐成为学界的主流观点。

French 等（1987）运用滚动窗口模型，以1928—1984年美国 S & P 500的日收益率数据为样本，检验了股票收益率与波动性之间的关系。他们用月度方差来表示收益率的波动性，并将其划分为可预期及不可预期两部分，最后通过 ARMA 和 ARCH-M 模型进行了检验。结果表明，预期收益与可预期波动性显著正相关，而不可预期收益则与不可预期波动性显著负相关，分别从正面和侧面证明了市场预期收益和波动性之间的正相关关系。

Campbell 等（1992）首次创造出一个 QGARCH 模型来检验波动性的反馈效应，结果发现它对收益率几乎没有影响，然而在波动剧烈时期，这种影响会变得格外显著，导致了风险 - 收益之间的正相关关系。

Harrison 等（1999）运用半参数估计方法和蒙特卡洛模拟发现收益的条件均值和波动性在长期存在显著的正相关关系，但是在短期（例如一个月）却无显著相关性。

Ghysels 等（2005）认为，对 ICAPM 模型的实证检验之所以未能取得一致的结论，主要原因在于使用了不同的条件方差模型。他们提出用混合数据抽样方法来估计美国股市的月度条件方差，结果发现用这种新方法估计的条件方差与条件均值之间存在显著的正相关关系。此外，相对于滚动窗口模型和 GARCH 模型而言，混合数据抽样方法能够更好地估计条件方差。

Bali 和 Peng（2006）用高频数据检验了均值方差之间的跨期关系。基于日度数据的 GARCH 模型表明，市场收益的条件均值与条件波动之间高度正相关且十分稳健。

Guo 等（2006a）认为预期收益由两部分构成，分别是风险部分和套期保值部分。基于 ICAPM 的研究结果表明，投资者的相对风险规避系数为正，说明风险 - 收益之间具有正相关性。针对以往研究结论出现均值方差关系为负或不相关的现象，他们认为是由于忽略了预期收益中的套期保值成分所致。

Lundblad（2007）认为，现有风险 - 收益关系实证研究所出现的矛盾性结论是小样本造成的统计偏误。于是，他运用美国股市近两个世纪（1836—2003）的历史数据研究了风险 - 收益之间的权衡关系，结果发现二者之间具有显著的正相关性，并且这种关系是时变的，无法被美国经济状况的历史走势所解释。

Jiang 等（2014）认为，风险 - 收益跨期关系的研究必须保证对预期超额收益和条件波动的估计要基于同一个信息集，这一点曾在 Merton（1973）的理论设定中被隐晦地提及过，却往往被后期的实证研究所忽略。为了解决这个问题，他们构建了一个二元移动平均代表性（bivariate moving average representation）时间序列模型，采用同一信息集进行预期收益和条件方差的联合估计。他们的研究结论支持二者之间存在显著的正相关关系，且具有很强的稳健性。

以上实证研究都是针对美国股票市场进行的，除此之外，学者们也将研究范围扩大到了国际股票市场。Pástor 等（2008）以资本隐含成本（implied cost of capital）度量股票收益的条件均值，对 G7国家股票市场的风险 - 收益关系进行了实证检验。结果发现，不管在国家水平还是世界水平上，他们的结论都强烈支持均值—方差之间存在跨期的正相关性。Guo 等（2008）运用 CGARCH 模型分析了美国等19个成熟资本市场的风险 - 收益权衡关系，结果发现二者之间存在显著的正相关性，尤其是长期波动性对风险溢价起到了主导作用。

同样，我国学者发现风险 - 收益关系在我国股票市场中也是正向的。陈浪南等（2002）主要研究了深圳股票市场收益波动的非对称性。他们采用

GARCH-M 模型，从实证角度分析了利好消息和利空消息对深市的非对称影响。考虑到我国股市具有明显的阶段性特征，该研究运用了迭代累计平方和（ICSS）法则从收益率序列中寻找到3个波动性发生突变的点，以此将样本区间划分为4个时段，分别进行了实证检验。研究结果表明，投资者相对风险厌恶系数的估计值始终为正，并且随着时间的推移单调递增，显著性也逐渐提高，最终在第3个时段（1997年7月至2000年3月）达到在 10% 的显著性水平下显著。以上研究成果很好地证明了深圳股票市场的发展正在日益完善，投机成分不断减少，同时投资者的行为也渐趋理性和成熟。陈守东等（2003）以及田华等（2003）学者的研究也支持了这一观点。

2.3.2　股票风险 - 收益负相关

虽然学界的主流观点认为股票风险与股票预期收益之间具有正相关性，然而许多学者从理论和实证两方面认为股票风险与股票预期收益之间应该具有负相关性。

不同于 Merton（1973，1980）的观点，Abel（1988）、Backus 等（1993）、Whitelaw（2000）等学者认为理论上风险 - 收益关系不一定为正，而是为负相关关系。在交换经济的一般均衡框架下，Whitelaw（2000）用消费增长数据进行估计，发现理论上风险 - 收益关系可能是负的。这一模型的关键特征在于引入了具有不同消费增长过程（consumption growth processes）的两种环境（two regimes），并且在两种环境间具有时变的转换概率（transition probability）。这一特征使得股票收益和边际替代率之间形成一个时变的关系，由此导致短期风险 - 收益关系变为负向，长期风险 - 收益关系被减弱。

Campbell（1987）运用美国股票市场1959—1979年和1979—1983年两个时期的月度数据进行研究，发现利率的期限结构可以用于预测股票的超额收益，基于这一事实，他对一些简单的资产定价模型进行了检验。大量证据表明，条件方差是时变的，且与股票收益的条件均值之间存在负相关关系。

针对当前 GARCH 模型中存在的若干不足，尤其是其无法刻画收益率条件方差波动的非对称性这一问题，Nelson（1991）首次提出了 EGARCH 模型，修正了 GARCH 模型的条件方差表达式，使之能够捕捉波动性正负冲击所带来的非对称性效应，将"杠杆效应"量化，结果发现风险 - 收益之间存在负相关关系，即同等强度的利空消息要比利好消息引发更大的市场波动，进而导致风险 - 收益负相关。

Whitelaw（1994）用4个金融变量估计股票收益（月度、季度和年度）的条件一阶矩和二阶矩，发现二者之间的关系是非对称的：滞后的波动性与未来预期收益之间显著正相关，而滞后的预期收益与未来的波动性之间显著负相关。他认为这一实证结果应该引起学术界的质疑——当前对预期收益与波动性之间同期关系的研究是否具有价值及正当性。

不依赖于任何外生变量，Brandt 等（2004）使用一个潜在的 VAR 过程来研究预期收益和波动之间的同期及跨期关系。结果表明，条件化预期收益及波动于同期时为强烈负相关，于跨期时则随经济周期的变动而变化，使得夏普比率呈现逆经济周期的变动趋势。然而，尽管条件均值及波动性之间的同期关系显著为负，二者之间的非条件同期关系却是显著为正的。他们认为这一重要区别能够解释风险 - 收益同期关系研究结论的分歧。

游宗君等（2010）认为 SV-M 模型（随机波动—均值模型）比 GARCH-M 类模型更适合用于考察收益与波动的同期关系，因为前者考虑了来自波动同期因素的随机冲击。SV-M 模型的估计结果表明，整体上沪深股市的收益与同期波动之间存在显著的负相关关系。不过具体而言，两市的这种负相关关系在我国实行涨跌停板交易制度之前是不明显的，但在实行涨跌停板交易制度之后却变得异常显著。他们认为这一现象可以由反馈效应来解释，而涨跌停板交易制度在某种程度上加强了这一效应。

2.3.3 股票风险 - 收益关系较为复杂

除了单向的正相关关系和负相关关系之外，学者们还发现股票风险与股票预期收益之间可能是更为复杂的关系。

Chan 等（1992）研究发现美国市场上资产的风险溢价受到国外市场的严重影响。他们采用了二元 GARCH-M 过程进行了进一步检验，结果发现在美国市场上股票的条件预期收益与自身的条件方差无关，却与国外市场指数的协方差正相关。

Turner 等（1989）利用一阶马尔科夫过程（Markov process）生成了一个状态变量，由此将投资组合超额收益的方差区分为两种状态：高方差和低方差。结果发现，如果模型中的经济主体已知未来的方差状态，那么此种设定下将会产生两类风险溢价，第一类为正，第二类为负；反之，如果将模型扩展至允许经济主体对未来的方差状态不确定，此时参数估计的结果与传统资产定价理论相一致，即超额收益与条件波动正相关。因此，他们总结认为，由于经济主体无法一直准确预测市场方差，故而与方差状态有关的信息就显得尤为重要，它能够解释整体收益。

Glosten 等（1993）运用标准的 GARCH-M 模型进行估计，结果表明超额收益的条件均值与条件方差之间存在微弱的正相关性；同时，基于工具变量模型的估计结果又表明二者之间是负相关的。对此，他们认为标准的 GARCH-M 模型是错误的设定，而其他的备择设定能够在这两种结果之间起到调节的作用。

Harvey（2001）认为条件均值与条件方差之间的关系依赖于方差估计时所用到的信息。实证结果表明，如果对条件方差和条件均值的估计是基于同一信息集，那么二者之间的关系表现为负相关。此外，参数和非参数分析都表明，条件均值与条件方差的比率具有明显的经济周期模式：在经济低迷时，投资者会对每单位波动要求较高的预期收益；反之，则会要求较低的预期收益。

Kinnunen（2014）认为已有实证结论的复杂结果可能是由多种原因造成的，其中自相关的作用往往被学者们忽略。于是，他在 ICAPM 的基础上构建了一个新模型，重新考察风险 - 收益权衡以及自相关对美国股票市场预期收益的时变解释力。模型发现了正的风险 - 收益关系，但是其重要性却是随信息流水平的变动而变化的，后者以波动性来衡量。在低波动时期，收益的持续性增加，导致了纯粹的风险 - 收益关系无法解释预期收益。

陈工孟等（2003）的研究较为全面，结论也比较复杂，其 GARCH-M 与 EGARCH-M 模型的估计结果非常类似：上海 A 股市场存在显著为负的风险 - 收益关系，而其他市场（上海 B 股市场、深圳 A 股市场及深圳 B 股市场）的情况则不确定，有正有负，但是统计上都不显著。

左浩苗等（2011）在检验已实现波动与预期收益之间的关系时，将整体波动中的连续成分和跳跃成分区分开来，考察不同性质的波动成分对预期收益的影响。基于高频数据的实证结果表明，两种波动成分都应该被定价，区别在于连续性波动得到了正的风险补偿，而跳跃性波动得到了负的风险补偿，整体上已实现方差对预期收益没有解释力。

Ghysels 等（2005）、Harvey（2001）、Lundblad（2007） 和 Yu 等（2011）等学者认为，风险 - 收益关系不一致的实证结论主要归因于波动算法，即选择不同的方法计算波动可能会对风险 - 收益关系产生较大的影响。然而，Yu 等（2011）从投资者情绪的角度对风险 - 收益关系展开研究，发现即使使用不同的方法计算波动，也仍然能得到一致的风险 - 收益关系：当投资者情绪为负时，风险 - 收益关系显著为正；当投资者情绪为正时，风险 - 收益关系不显著。Yu 等（2014）同样从投资者情绪的角度入手，分析了台湾股票市场上的风险 - 收益关系。类似的，当其使用不同的方法计算波动时，同样得到了一致的结论：当投资者情绪为负时，风险 - 收益关系不显著；当投资者情绪为正时，风险 - 收益关系显著为负。Yang 等（2016）从买卖非均衡视角入手，对我国股票市场上的风险 - 收益关系展开研究，发现即使使用不同的方法计算波动，使用不同的市场组合进行研究，仍然可以得到稳定的结论：当买卖非均衡为负时，风险 - 收益关系显著为负；当买卖非均衡为正时，风险 - 收益关系不显著。而 Jia 等

（2017）从投资者分歧角度入手对我国股票市场中的风险 - 收益关系进行分析，其实证结果表明，当基于投资者拥挤交易行为的投资者分歧指标的改变值是负数时，市场风险 - 收益关系显著为负，而当基于投资者拥挤交易行为的投资者分歧指标的改变值是正数时，市场风险 - 收益关系显著为正。同样的，这一结论在使用不同的方法计算波动并使用不同的市场组合进行检验时均是稳健的。

综上所述，金融理论的主流观点认为股票风险 - 收益关系是正向相关的，这一观点也被大量实证研究所验证；然而，有实证研究和理论研究发现股票风险 - 收益关系是负向相关的。同样，也有实证研究发现，股票风险与股票预期收益之间可能是其他更为复杂的关系。许多学者认为已有实证结论的复杂结果是由波动算法不同所造成的。然而，有学者从行为金融学的角度（如投资者分歧）对股票风险 - 收益关系展开研究，发现即使使用不同的方法计算波动，也仍然能得到一致的股票风险 - 收益关系。也就是说，从非理性因素的角度入手对股票风险 - 收益关系进行分析是十分必要的。在行为金融学中，投资者分歧是一类十分重要的非理性因素，现有研究已经从市场投资者分歧角度对股票市场的风险 - 收益关系进行了检验，但是并未从个股投资者分歧角度对个股层面的风险 - 收益关系展开研究。基于此，本书尝试利用分笔交易数据构建个股层面的投资者分歧指标，并进一步从实证分析角度研究其对股票风险 - 收益关系的影响。

2.4 股票特质风险 - 收益关系研究

股票价格特质波动作为被广泛认可的刻画特质风险的指标，其与预期收益之间的关系及"特质波动之谜"产生的原因是特质波动研究的重要组成部分。本书在这一小节拟从股票特质风险 - 收益正相关以及股票特质风险 - 收益负相关两个方面进行阐述。

2.4.1 股票特质风险 - 收益正相关

理论上表明，在均衡条件下具有较高特质波动的股票未来应该有更高的平均收益，即特质波动与股票未来收益之间存在正向关系（Merton，1987）。Merton（1987）认为在不完全信息的股票市场上，信息的获取并不是免费的，投资者获取信息存在一定的认知成本。在这种情况下，投资者并不会持有整个市场组合，而是选择自身相对熟悉的股票组合，因为投资者为这类股票支付的认知成本较低。他认为股票的特质波动作为认知成本的一部分，对股票收益率有重要影响，特质波动越大，股票收益率越高，即特质波动与预期收益之间应该存在正向关系。这一观点也在实证上得到了众多学者的支持。

Tinic 等（1986）拓展 Fama 等（1993）的样本期，以历史月度数据估计 CAPM 模型和 Fama-French 三因子模型，以回归残差序列的标准差度量特质波动，发现与股票预期收益之间存在正向关系。他们以 Beta 形成的20个组合作为研究对象，然而并没有以个股层面的特质波动作为研究对象。

Miffre 等（2013）建立包含市场、规模、账市比、动量、流动性和股票总波动的多因子模型，并以历史月数据估计特质波动，也发现高特质波动的股票有高的预期收益。

同时，Fu（2009）以及 Huang 等（2010）学者表明以月内日数据估计 CAPM 模型和 Fama-French 三因子模型得到的个股已实现特质波动序列存在显著的自相关性，不应以滞后特质波动作为下一期特质波动的代理变量，基于此，以历史月度数据作为滑动估计窗，以 EGARCH 模型估计 Fama-French 三因子模型残差的标准差来度量特质波动，发现特质波动与股票预期收益之间存在正向关系。

Chua 等（2010）利用 AR 自回归模型将已实现特质波动分解为预期的和未预期的两部分，他们认为现有研究忽视了不可预期的股票波动与不可预期的股票收益率的关系，他们发现这二者显著的正相关。以未预期的特质波动控制已实现收益的未预期部分，也发现预期特质波动与股票预期收益之间存在正向关系。利用 ARMA 模型和 ARIMA 模型分解以 Fama-French 三因子模型估计的已实现特质波动，得到了同样的结论（Huang et al.，2010；邓雪春 等，2011）。

熊伟等（2015）从理论和实证两个角度分析股票特质波动、股票收益与投资者情绪之间的动态关系。他们将受投资者情绪影响的噪声投资者引入 Merton 基于不完全信息的市场均衡模型，以2007年至2012年沪、深两市 A 股上市公司数据为样本，运用有向无环图技术识别结构向量自回归（SVAR）模型，实证检验股票特质波动率与股票收益和投资者情绪的相关性。研究结果表明，股票特质波动率与股票收益正相关；股票收益率对股票特质波动率的弹性，随着投资者情绪的增加和噪声投资者比例的上升而增大。

2.4.2 股票特质风险 - 收益负相关

Ang 等（2006）以个股层面的特质波动为研究对象，却得到了与上述截然相反的结果。Ang 等（2006）以美国股票市场1963—2000年的数据为研究样本，利用月内日度数据估计 CAPM 和 Fama-French 三因子模型，以回归残差序列的标准差度量特质波动，并以特质波动构建5分位组合，以市值加权计算组合预期收益率，发现高特质波动的股票组合有低的预期收益，低特质波动的股票组合有高的预期收益，即特质波动与股票预期收益之间存在负向关系，并且不能被市场波动风险、流动性、动量、偏度和杠杆等因素解释。

特质波动作为股票特质风险的一个代理变量，Ang 等（2006）发现的"高特质波动组合有低的预期收益，低特质波动有高的预期收益"有悖于"高风险有高收益"的金融风险定价逻辑，因此这种现象被称为"特质波动之谜（idiosyncratic volatility puzzle）"。不论针对发达国家股票市场，还是针对新兴国家股票市场，均有研究表明存在"特质波动之谜"。

Guo 等（2006a）以及 Jiang 等（2009）学者以美国股票市场不同时期的数据对 Ang 等（2006）的结论进行了样本外检验，也发现高特质波动的股票组合有低的预期收益，低特质波动的股票组合有高的预期收益，特质波动与股票预期收益之间存在负向关系。

Ang 等（2009）将样本进一步扩展，发现股票特质波动与收益率的负向关系不仅在美国存在，而且在G7国家以及其他23个发达国家同样广泛存在。在经过 Fama-French 三因子模型调整后，波动最高股票组合的月度收益比波动最低股票组合的收益率低1.31%，说明股票特质波动与收益率的负相关关系是一个全球性现象，而不是由其他风险因素或样本偏差造成的。在控制私有信息、交易成本、分析师预测分歧、机构持股比例以及股票收益的偏度等因素后，负向关系仍然显著存在。

Bley 等（2012）以 GCC（海湾合作组织）股票市场数据为研究样本，以 Fama-French 三因子模型回归残差序列的标准差度量特质波动，得到了同样的结论。

当前，学界或者基于技术角度，或者基于公司和股票的特征变量角度，或者基于非理性因素角度，来检验特质波动与股票预期收益之间是否存在稳定的负向关系，试图破解"特质波动之谜"。

基于技术角度。学者们从以下方面进行探讨：用 CAPM、Fama-French 三因子模型还是 Fama-French-EGARCH 模型；使用月内日度数据还是历史月度数据作为 Fama-French 三因子模型的回归样本；以特质波动形成组合的分组方式；计算组合收益的加权方式（市值加权、等权、波动倒数加权）；样本区间的选择；选取样本的数据库和股票市场等。研究发现，特质波动与预期收益之间的负向关系会受到这些因素的影响，表明特质波动与股票预期收益的负向关系可以部分被这些因素所说明（Bali et al.，2008；Bley et al.，2012；Huang et al.，2010）。

基于公司和股票的特征。公司层面或股票层面的其他特征虽然不能完全解释"特质波动之谜"，但也可以部分解释"特质波动之谜"。Bali 等（2008）表明规模小、价格低、流动性差的股票对"特质波动之谜"有一定的解释作用。

Boehme 等（2009）以及 Duan 等（2010）从卖空限制的角度出发，认为"特质波动之谜"的存在是由于卖空限制、信息不完全等市场不完美因素引起的。同样地，Cao 等（2013）表明"特质波动之谜"主要存在于高机构持股比例和高卖空率的股票。Huang 等（2010）认为股票特质波动与收益率负相关是由股票收益率的反转效应造成的。股票当期的波动与收益率正相关，即波动较高的股票具有较高的收益率；但是当期收益率较高的股票由于反转效应，在下期会得到相对较低的收益率，从而导致当期的波动与下期的股票收益率负相关。Huang 等（2010）的实证结果表明，如果使用股票日数据计算股票波动，当期波动确实与下期收益率显著负相关；在控制住股票的反转效应（当期股票的收益率）后，这一负向关系变得不显著，即"特质波动之谜"消失。如果使用月度数据，采用 EGARCH 模型来计算股票的预期波动，发现预期波动与预期收益率显著正相关，在控制住反转效应后这一正向关系仍然存在。Chen 等（2012）表明波动定价因子的敏感度可部分解释"特质波动之谜"。此外，账市比、财务杠杆、机构持股比例、市盈率以及公司所受冲击的某些时间序列性质对"特质波动之谜"也有部分解释能力（Hueng et al., 2013；Vozlyublennaia，2013）。

基于非理性因素。以非理性因素解释"特质波动之谜"也是分析"特质波动之谜"诱因的一个主要方面。Kang 等（2014）以个人投资者作为噪声交易的代表，发现个人投资者对股票的交易比例也对"特质波动之谜"有一定解释能力。Bali 等（2011）以美国股票市场为研究对象，考虑投资者的博彩心理（即喜欢具有彩票性质的股票），研究股票月内最大日收益率对股票预期的预测能力，发现月内最大日收益率显著负向股票预期收益，而且最大日收益率可以解释等值加权的"特质波动之谜"，却无法解释市值加权的"特质波动之谜"。同样地，Boyer 等（2010）以及 Chabi-Yo（2011）等学者基于 Barberis 等（2001a）的行为金融学观点，分析投资者对彩票类股票的偏好，发现预期特质偏度可能包含一部分特质波动的信息，预期特质偏度能够部分解释"特质波动之谜"。Stambaugh 等（2015）从套利非对称角度对"特质波动之谜"进行了解释。他们认为对于投资者来说，买比卖容易。因此，他们用11个收益异象构建了一个错误定价因子，并凭借这一因子区分价格高估股票和价格低估股票。他们发现，在价格高估股票中，特质波动与预期收益负向关；在价格低估股票中，特质波动与预期收益正相关。一致于套利非对称理论，相较于特质波动与预期收益之间的正向关系，特质波动与预期收益之间的负向关系更强，所以整体市场中特质波动与预期收益之间负相关。此外，他们发现投资者情绪也会影响特质波动与预期收益之间的关系，他们发现，高的投资者情绪会削弱特质波动与预期收益在价格低估股票中的正向关系；而增强特质波动与预期收益在价格高估股票中的负向关系。Gu 等（2018）从套利有限性角度解释了特质波动与预期收益之间的关系。他们使用我国股票市场独特的交易约束及其他被广泛使用的套利有限性指标共同构建了一个复合的套利有限性指标，并发现，特质波动与预期收益之间的负向关系在高套利有限性股票中更强且持续的更久。Bhootra 等（2015）则从展望理论视角对"特质波动之谜"进行了解释，发现在未实现资本损失的股票中特质波动与股票收益负相关，而在未实现资本收益的股票中特质波动与股票收益的负相关关系则不存在。这一结论在考虑收益短期反转和最大化日收益影响的情况下仍然成立。

综上所述，有学者认为股票特质风险与股票预期收益之间的关系是正向相关的；然而，也有学者认为股票特质风险与股票预期收益之间的关系是负向相关的，这一现象也被称为"特质波动之谜"。许多学者或者基于技术角度，或者基于公司和股票的特征变量角度，或者基于非理性因素角度，试图破解"特质波动之谜"。然而，根据 Hou 等（2016）的研究结果可知，所有现存的解释仅能解释个股"特质波动之谜"的29%~54%，这说明还有其他因素会影响股票特质风险 - 收益关系。此外，虽然已有文献已经从非理性因素角度对股票特质风险 - 收益关系展开了研究，但是，现有研究并未从投资者分歧角度对股票特质风险 - 收益关系展开分析，而投资者分歧在行为金融学研究中是十分重要的非理性因素。因此，使用分笔交易数据，本书拟构建个股投资者分歧指标，并从实证研究方面探讨个股投资者分歧对股票特质风险 - 收益关系的影响。

2.5 投资者分歧研究

Miller（1977）认为，如果投资者对于投资某一风险资产所获得的收益有不同的预期，那么这就是投资者分歧（disagreement）。投资者分歧产生的原因可能是多方面的，Hong 等（2007）将其产生的原因总结为三种：渐进信息流（gradual information flow）、有限注意（limited attention）和异质先验（heterogeneous priors）。

渐进信息流。Hong 等（2007）认为信息的渐进流动是证券市场的一个重要特征。受信息传播技术、投资者细分及其专业水平等因素的影响，一部分投资者可能会先于其他投资者得到有关股价的信息。如果信息是正面的，那么收到信息的投资者会调高其对股票的估值，而没收到信息的投资者则没有对其估值进行修正。这种情况导致两类投资者的分歧扩大，其后果是前一类投资者从后一类投资者手中购入股票。而如果信息是负面的，收到信息的投资者则会将股票卖给没收到信息的投资者。有关领先—滞后效应（lead-lag effect）的经验研究（Hou，2007）为信息渐进流动提供了经验支持。

有限注意。Peng 等（2006）提出了有限注意理论，认为认知负载（cognitively-overloaded）的投资者只能注意所有公开披露信息的某一子集。当不同投资者注意到不同的信息子集时，他们之间就会产生意见分歧。在实际操作中，有限注意与渐进信息流比较类似，两者的差别只限于是否强调信息扩散的动态特征而已。有限注意理论认为信息披露的媒体选择会对投资者信念产生影响，认为在信息披露内容一定的情况下，那些能够"吸引眼球"（attention grabbing）的披露方式将会引起较大的股价和交易量反应。此外，信息披露时机也会对投资者信念产生影响（DellaVigna et al.，2009）。

异质先验。异质先验理论认为即使所有投资者同时面对相同的公开披露信息，他们也会对信息引起的股票基础价值变动产生分歧。Harris 等（1993）以及 Kandel 等（1995）认为产生这一现象的原因在于投资者采用不同的模型对信息内容进行解释，理论研究也将其称为异质解释（heterogeneous interpretation）。

本书在这一部分将从投资者分歧指标的构建、投资者分歧与资产价格的关系、投资者分歧与资产价格波动的关系三方面进行阐述。

2.5.1　投资者分歧指标介绍

尽管关于投资者分歧的理论研究最早可以追溯到20世纪60～70年代，但是这一领域的实证研究直到最近几年才开始兴起。其原因是实证研究很难找到一个合适的指标来衡量投资者之间存在的意见分歧。进入21世纪以来，随着计量技术的不断创新以及数据库建设（尤其是分析师数据）的不断完善，这一领域的经验研究才得以发展。

然而现有文献还未就投资者分歧指标选取达成共识。已有实证研究主要采用分析师预测分散度（Bamber et al.，1999；Barron，1995；Carlin et al.，2014；Diether et al.，2002；Kim et al.，2014；Li et al.，2004；Moeller et al.，2007；Nagel，2005；Yu，2011；高峰 等，2003；南晓莉，2015；俞红海 等，2015）、换手率（Boehme et al.，2006；Brennan et al.，1998；Garfinkel，2009；Nagel，2005）、波动（Ang et al.，2006；Nagel，2005）、个人账户数据（Goetzmann et al.，2005b）等指标度量投资者分歧。下面，本书仅对其中比较有代表性的指标进行说明。

从实证角度看，分析师预测分散度指标是最早用于度量投资者分歧的一类指标，且至今依旧被学术界所广泛使用。Diether 等（2002）利用1983—2000年美国上市公司的数据进行研究，他们认为分析师盈余预测分散度可以被视为是投资者分歧的一种度量。同样采用这一类度量指标的还有 Gharghori 等（2011）、Kim 等（2014）以及 Yu（2011）等学者。在我国，这一类指标也受到了广泛认可。高峰等（2003）利用《央视看盘》栏目对数十家机构的调查结果检验了投资者短期预测的理性程度，结果并没有找到支持理性预期假设的证据，从而证明了我国股票市场中投资者分歧的存在。然而，这一类指标作为投资者分歧的代理变量需要满足两个前提条件：第一，分析师做出的预测是无偏的；第二，投资者听从分析师的意见。满足前者，说明分析师预测分散度是分析师意见分歧的合理度量；满足后者，意味着分析师的意见分歧可等同于投资者的意见分歧。显然，在真实资本市场中，这两个条件很难被满足。因此，McNichols 等（1997）、Lin 等（1998）、Dechow 等（2000）都对分析师预测分散度衡量投资者分歧的适用性提出了质疑。他们担心的主要问题是分析师数据库中包含的预测数据已经比较陈旧，而且是有偏的预测，因为分析师通常倾向于对利好消息反应过度。

基于此，学者们逐渐开始基于交易数据构建投资者分歧指标，如换手率（Boehme et al.，2006；Brennan et al.，1998；Garfinkel，2009；Nagel，2005）、波动（Ang et al.，2006；Nagel，2005）等指标。然而，这一类指标作为投资者分歧代理指标的最大问题在于，它们不仅仅度量了投资者分歧。就换手率指标而言，在实证研究中，许多学者认为它不仅度量了金融市场的流动性（Petersen et al.，1994）且与各种公告中的信息含量有关（Chordia et al.，2000）。

由上述分析可知，虽然投资者分歧的度量手段层出不穷，且每一种都有相应的理论基础，不过可惜的是，目前看来没有一种方法是尽善尽美的，都存在或多或少的度量偏差。

2.5.2 投资者分歧与资产价格关系研究

正如 Heckman 在2000年获得诺贝尔经济学奖时发表的演说中所描述的那样，经济生活中关于异质性和多样性的证据是最重要的发现。目前，已经有许多学者从理论和实证两方面去研究投资者分歧对资产价格的影响。

根据投资者对信息占有的异质性，噪音交易者模型认为市场上存在两类不同的投资者：一类是理性投资者，也就是套利者，他们遵循资产定价理论进行投资；另一类是非理性投资者，他们的交易完全凭借所收集到的部分信息而进行，因此又被称作噪音交易者（Black，1986；Kyle，1985）。噪音交易者模型认为，由于信息不对称，投资者形成了对股票未来收益分布的异质预期，也就是说投资者之间存在投资者分歧。假如市场上一直存在噪音交易者，那么资产价格就必然包含着"噪音"，使之持续地偏离真实价值，而套利机制失灵。于是，噪音交易者凭借噪音风险获利，而理性易者因为噪音风险亏损，由此，投资者分歧对资产价格产生影响。许多学者对这一问题展开了细致的研究，如Campbell 等（1993）、De Long 等（1990）、Shleifer 等（1997）以及 Wang（1993，1994）。

投资者分歧不仅仅来源于信息不对称。Hong 等（2007）认为即使所有的公共信息都能够同时到达每位投资者手中，并且成功吸引了人们的全部注意，投资者之间也会对股票的基本价值产生不同的判断，因为每个人的先验信念是不同的。所以认知不对称也是造成投资者分歧的重要原因。早期的认知不对称模型来自于 Miller（1977）。他认为市场上同时存在乐观投资者和悲观投资者，然而在卖空限制的假设下，悲观投资者被排除在市场之外，只有对股票估值最高的乐观投资者才会持有股票，于是股票价格主要反映了乐观投资者的意见。这会造成股票价格相对于其真实价值的偏离，同时这种偏离会随着投资者分歧的增大而增大，随着卖空限制的增强而增强。然而随着时间的推移，信息的传递逐渐充分，投资者的意见也慢慢趋于一致，最终股票价格会趋于其真实价值。因此，越是在当期被高估的股票，其未来的收益就越低，投资者分歧与股票未来收益呈负相关关系。

不同于 Miller（1977）的观点，虽然 Varian（1985）也认为投资者分歧会对资产价格造成影响，但他认为投资者分歧与股票未来收益呈正相关关系。Varian（1985）在阿罗 - 德布鲁（Arrow-Debreu）经济背景下假定投资者有不同的主观概率认知，他认为，在均衡时只要风险规避系数不是异常的高，那么投资者分歧的增加就会减少资产价值。因此，投资者分歧与正的风险溢价相关。

除此之外，还有一些学者从投资者认知偏差的角度构建认知不对称模型，从而说明投资者分歧的存在会影响资产价格，如 Barberis 等（1998）的 BSV 模型、Daniel 等（1998）的 DHS 模型、Hong 等（1999）的 HS 模型和 Barberis 等（2001b）的 BHS 模型。

除了理论研究之外，学者们也从实证研究角度探讨投资者分歧对资产价格的影响。对于投资者分歧与资产价格之间的关系，主要存在两种观点：第一种观点认为投资者分歧与资产收益负相关；第二种观点则认为两者之间关系为正。

与 Miller（1977）的观点一致，许多学者认为投资者分歧与资产收益之间的关系为负（Boehme et al.，2006；Chen et al.，2002；Diether et al.，2002；Gharghori et al.，2011；Park，2005；Yu，2011；陈国进 等，2009；李冬昕 等，2014；李科 等，2015；王硕 等，2016）。Diether 等（2002）利用1983—2000年美国上市公司的数据进行研究，结果发现分析师预测分散性与股票的未来收益负相关，这种现象在小公司和过去业绩差的公司中尤为明显，他们认为分析师盈余预测分散度可以被视为是投资者分歧的一种度量。同样采用这一度量指标，Gharghori 等（2011）将样本推广至澳大利亚市场，结论支持投资者分歧与股票未来收益之间存在负相关性。Boehme 等（2006）使用股票换手率和超额收益波动作为投资者分歧的度量指标，他们对美国市场上所有股票，包括没有被分析师覆盖的股票进行研究发现，投资者分歧越大的股票，其未来收益越低。同样地，我国也有许多学者从实证上证明了这一观点（陈国进 等，2009；李冬昕 等，2014；李科 等，2015；王硕 等，2016）。李冬昕等（2014）认为询价机构报价差异性越大、意见分歧越严重，一级市场 IPO 定价过高问题就越突出；同时，机构报价差异性与 IPO 首日收益呈显著负相关，表明二级市场投资者意见分歧已通过询价机构报价的方式提前反映到 IPO 定价中。

与 Varian（1985）的观点一致，也有研究表明投资者分歧对股票未来收益有显著为正的预测能力（Carlin et al.，2014；Doukas et al.，2004；Garfinkel et al.，2006）。Doukas 等（2004）利用1995—2001年15 120个公司年度观察值作为样本，使用分析师预测数据以及股票收益数据验证投资者分歧是否能够解释价值型股票和成长型股票的横截面收益差。在控制了卖空限制后，他们发现价值型股票与成长型股票相比要面临更大的投资者分歧，说明价值投资策略获得的较高收益实际上是对其未来盈利增长较高分歧程度的一种"奖励"，这一发现实际上支持了 Varian（1985）的观点。同样地，Carlin 等（2014）使用预付款速度预测（prepayment speed forecasts）指标来衡量投资者分歧，发现投资者分歧的增加会带来预期收益的增加。

2.5.3　投资者分歧与资产价格波动关系研究

此外，学者们通过理论研究和实证研究发现，投资者分歧与资产价格波动之间存在着显著的正向关系（Baker et al.，2016；Banerjee et al.，2010；Carlin et al.，2014；Daniel et al.，1998；Harrison et al.，1978；Hong et al.，2003；Miller，1977；Scheinkman et al.，2003；Shalen，1993；Zapatero，1998）。

Miller（1977）认为投资者分歧会造成股票价格相对于其真实价值的偏离，同时这种偏离会随着投资者分歧的增大而增大，随着卖空限制的增强而增强。因此，投资者分歧的增加会加大股票价格的波动。同时，他运用这一理论对包括"价值溢价""封闭式基金折价"等在内的许多金融异象进行了很好的解释。

Daniel 等（1998）构建的模型则侧重于考察投资者对待私有信息时所表现出来的心理特征。该模型将投资者分为两类：无信息的投资者和有信息的投资者。无信息的投资者不存在认知偏差，而有信息的投资者受到自我归因偏差的影响。由于存在这种认知偏差，有信息的投资者会将股票未来表现好归因于他们的选股水平高，而股票未来表现不好则是由于运气不佳所致，结果造成投资者对自身的选股能力过度自信，私人信息的作用被夸大，进而导致股票价格波动变大，以致市场出现泡沫。

Harrison 等（1978）首次从投资者信念修正的动态变化角度对 Miller 假说进行了扩展，认为在市场不完全或不完备的条件下，风险中性投资者可能以高于未来股利净现值的价格购入股票，并期望将股票以高于购入价格的价格出售给其他投资者。投资者的这种投机行为体现了其拥有的再售期权的价值，也导致股票价格被高估，股票价格波动增大，从而产生投机泡沫。Scheinkman 等（2003）在 Harrison 等（1978）的基础上引入了投资者过度自信假设，在连续时间模型下对投机泡沫的成因以及泡沫期间的异常交易量和波动进行了解释。同样在有限理性的基础上，Hong 等（2003）建立了一个拍卖模型，从投资者分歧的角度对市场暴跌现象进行解释。

2.6 本章小结

综上所述，有关投资者分歧与资产价格波动的理论研究已经取得较为丰硕的结果，但是有关投资者分歧与资产价格波动的实证研究却比较少，且已有文献并未从实证研究角度对投资者分歧与股票价格波动之间的关系展开分析；其次，已有研究已经从市场投资者分歧角度对股票市场风险 - 收益关系进行了探讨，但从个股投资者分歧角度对股票层面的风险 - 收益关系展开研究还有待进一步丰富和完善；此外，现有文献并未从实证上基于投资者分歧角度对股票价格特质波动以及股票特质风险 - 收益关系等问题进行解释。而投资者分歧是一类十分重要的非理性因素，从实证角度深入分析投资者分歧对股票价格波动、股票价格特质波动、股票风险 - 收益关系及股票特质风险 - 收益关系的影响极具理论意义和现实意义，这一研究也是未来研究的重点及热点。本书后面章节的思路是：首先，使用分笔交易数据构建股票层面的投资者分歧指标，并研究个股投资者分歧对股票价格波动的横截面影响；其次，研究个股层面的投资者分歧对股票价格特质波动的横截面效应；接着，研究个股投资者分歧指标对股票风险 - 收益关系的影响；最后，研究股票层面的投资者分歧对股票特质风险 - 收益关系的影响。

第3章 投资者分歧与股票价格波动

3.1 引言

自 Markowitz（1952）首次应用资产价格波动度量资产风险以来，金融学的实证研究中涌现出大量的资产价格波动估计方法，有关资产价格波动的相关研究也渐渐成为金融学领域的热点问题。特别地，许多学者试图从不同的角度解释股票价格波动的形成。以有效市场假说为基础的传统金融理论认为，市场是有效的并且投资者是理性的，因此，股票价格波动仅仅会受到基本面信息的影响。但是，20世纪80年代，Shiller（1981）以及 LeRoy 等（1981）在实证研究中发现，股票价格存在着过度波动，且这一波动超越了波动边界。对于这一金融事实，传统金融理论无法做出合理的解释。由此，学者们逐渐意识到，除了基本面因素会对股票价格波动产生影响外，非基本面因素同样会对股票价格波动造成影响。基于此，许多学者从行为金融视角出发，从非理性因素角度对股票价格波动及与股票价格波动相关的异象进行解释（Barberis et al.，2001b；Dzielinski et al.，2018；Shiller，2001；Yu et al.，2011）。这些研究表明非理性因素对股票价格波动确实起着重要的作用并较好地解释了金融市场中的异象，由此行为金融理论获得了旺盛的生命力。特别地，2013年诺贝尔经济学奖获得者 Shiller（2011，2014）的"人性金融"观点强调了投资者真实想法和真实行为在实际金融市场研究中的重要性。因此，本章试图构建基于投资者拥挤交易行为的投资者分歧指标，这一投资者分歧指标不仅能较好地度量实际金融市场中投资者真实行为的分歧，同时还能较好地反映实际金融市场中投资者真实想法的分歧，即该指标同时强调了投资者真实想法和真实行为在实际金融市场中的分歧。进一步地，本章以构建好的投资者分歧指标为基础，试图从实证分析的角度出发，研究投资者分歧对股票价格波动的影响。

投资者拥挤交易行为指的是投资/投机者对某一仓位（position）背后的逻辑深信不疑，所有相反意见皆听不进耳，随着越来越多资金朝同一方向流动，支持资产价格上升或下跌的"逻辑"自我实现，令这个交易挤上加挤。许多学者发现，在实际金融市场中，投资者拥挤交易行为是导致金融危机发生的重要原因（如1998年的金融危机、2007年的量化崩溃危机以及2008年的金融危机等），因此，为了维护金融市场的稳定，投资者拥挤交易行为是一种不能被忽视的系统性风险（Acharya et al.，2009；Brunnermeier，2009；Gromb et al.，2002；Khandani et al.，2011；Kyle et al.，2001；Pedersen，2009）。此外，通俗报刊、监管者及对冲基金管理者也意识到，投资者拥挤交易行为是决定金融市场稳定与否的重要因素。如欧洲央行（European Central Bank）曾在2006年声明，除了潜在的高杠杆所暗藏的风险之外，对冲基金的拥挤交易行为，即越来越多的对冲基金采取一致或者类似的策略，是影响金融市场稳定的另外一种重要的风险。进一步地，已有的研究也表明，投资者拥挤交易行为会对资产价格波动产生重要的影响。基于 Abreu 等（2002，2003）所提出的协调性问题，Hong 等（1999）以及 Stein（2009）通过对动量策略的过度拥挤效应的分析，发现理性套利者的过度拥挤交易行为有可能造成过度矫正，以至于资产价格进一步偏离资产的基础价值，从而导致资产价格的波动增大。其中，Stein（2009）将市场上的投资者分为理性投资者（套利者）和信息观望者两类，并通过对套利者的过度拥挤交易行为的刻画来构建投资者拥挤交易行为的理论模型，也就是说，该文所描述的投资者拥挤交易行为指的是套利者在采取其交易策略时，无法判断市场上有多少其他套利者采取与其相同的交易策略，从而导致的套利交易过度拥挤。Pojarliev 等（2011）通过对货币基金拥挤交易行为的度量方法的研究，提出了一般的投资者拥挤交易行为的度量方法，并用其来测度金融系统所面临的相应风险。其中，他们使用持有拥挤（carry crowdedness）、趋势拥挤（trend crowdedness）和价值拥挤（value crowdedness）三种测量维度来刻画投资者拥挤交易。Menkveld（2015，2016）认为投资者拥挤交易行为所导致的风险是一种被忽略的系统性风险，不管是在进行理论研究还是在进行实证研究时，与投资者拥挤交易行为相关的风险是不能忽视的。其中，Menkveld（2015，2016）所描述的投资者拥挤交易行为指的是金融中介机构在将大量的资金集中于同一交易时所造成的拥挤交易。他构造了一个 CCP（central clearing party）模型来衡量投资者拥挤交易行为所导致的风险，具体地，其使用 VaR 表示总的风险暴露，使用实际总风险暴露 / 调整风险因子之后的最大化风险暴露表示投资者拥挤交易行为指标，即 CCP 风险越高则代表潜在的投资者拥挤交易行为所导致的风险越大。Hong 等（2015）将市场中的投资者分为套利者和情绪投资者两类，并据此构建了投资者拥挤交易行为的理论模型。他们发现，当套利者的卖空数量达到一定比例时，套利者的拥挤交易行为会导致其卖空成本增大，股票价格偏离其基础价值，从而使得股票价格波动增大。以 De Longet 等（1990）的均衡分析框架和 Stein（2009）的投资者拥挤交易模型为基础，陈国进等（2011）构建了新的理论框架用于分析投资者拥挤交易行为的影响。他们将套利者视作机构投资者，发现当套利者的比例超过一定程度时，套利者的拥挤交易行为会导致股票价格偏离其基础价值，从而出现价格泡沫，并进一步导致股票价格波动增加。同时，他们也以中国股票市场中的蓝筹股为实证对象，检验了机构投资者的拥挤交易行为对股票价格泡沫的影响。然而，上述文献对股票价格波动与投资者拥挤交易行为的研究多集中于理论研究，并未从实证上检验两者之间的关系。综上所述，首先，投资者拥挤交易行为确实是一类十分重要的非理性因素，它能较好地度量实际金融市场中投资者的真实行为并以此反映实际金融市场中投资者的真实想法；其次，在理论上投资者拥挤交易行为确实会对股票价格波动产生重要的影响，然而这一影响并未在实证检验中得到确认；最后，现有研究仅仅关注了投资者拥挤交易行为与股票价格波动之间的关系，而并未基于投资者拥挤交易行为构建其衍生指标并进一步研究其与股票价格波动之间的关系。

投资者分歧指的是投资者对于投资某一风险资产所获得的收益有不同的预期（Miller，1977），其产生的原因可能是多种多样的，特别地，Hong 等（2007）将投资者分歧产生的原因归纳为三个方面，即渐进信息流（gradual information flow）、有限注意（limited attention）以及异质先验（heterogeneous priors）。从理论分析的角度出发，学者们发现投资者分歧与资产价格波动之间存在着显著的正向关系（Baker et al.，2016；Banerjee et al.，2010；Daniel et al.，1998；Harrison et al.，1978；Hong et al.，2003；Miller，1977；Scheinkman et al.，2003；Shalen，1993；Zapatero，1998）。Miller（1977）构建了乐观投资者和悲观投资者这两类投资者同时存在的理论模型，他发现当卖空限制存在时，在卖空限制的约束下悲观投资者被排除出市场，此时股票价格主要反映了乐观投资者的预期，由此投资者分歧会导致股票价格偏离其基础价值，并且当投资者分歧增加时这一偏离也会随之增大，也就是说，投资者分歧的增加会加剧股票价格的波动。在 Miller（1977）假说的基础上，Harrison 等（1978）引入了投资者信念修正的动态变化，他们发现，风险中性的投资者在市场不完全或者不完备的情况下因为其拥有的再售期权的价值，有可能用比未来股利净现值高的价格买入股票，并预期在未来用比买入价格高的价格卖出给其他投资者。因为投资者分歧所导致的这种投机行为将使得股票价格被高估，从而使得股票价格波动增加，以致发生投机泡沫。Daniel 等（1998）则将市场中的投资者分为无信息的投资者和有信息的投资者两类，并将投资者对待私人信息的心理特征纳入模型进行考察。他们认为，存在自我归因偏差的有信息的投资者会对自身的选股水平过度自信，以致其夸大自身所拥有的私人信息的作用。因为自我归因偏差所导致的私人信息作用的夸大会进一步增大无信息的投资者和有信息的投资者这两类投资者之间的投资者分歧，从而导致股票价格波动加剧，进而产生泡沫。以 Harrison 等（1978）构建的模型为基础，Scheinkman 等（2003）进一步将投资者过度自信纳入模型进行分析。在假定时间连续的前提下，结合投资者过度自信的假设，该模型可以从投资者分歧的角度解释投机泡沫形成的原因以及泡沫期间异常交易量和波动产生的原因。从实证分析的角度出发，学者们同样发现投资者分歧与资产价格波动之间存在正向关系，然而，针对投资者分歧与资产价格波动之间关系的实证研究还比较少（Carlin et al.，2014）。Carlin 等（2014）使用美国代理抵押担保证券（MBS）市场1993年7月至2012年1月的调查数据，实证检验了投资者分歧与资产价格波动之间的关系。他们通过调查华尔街主要的抵押贷款经销商的预付款速度预测（prepayment speed forecasts）指标来构建投资者分歧指标，他们发现在参与调查的抵押贷款经销商中存在在令人惊讶的相当高程度的分歧，并且他们使用向量自回归（VAR）模型验证了投资分歧与收益波动之间的正向关系。但是，目前还没有学者从实证分析视角对投资者分歧与股票价格波动之间的关系展开研究。综上所述，首先，投资者分歧同样也是一类十分重要的非理性因素，已有的投资者分歧指标可以大致分为两类，一类是基于调查数据所构建的投资者分歧指标，这类指标度量了实际金融市场中投资者真实想法的分歧，另一类则是基于交易数据所构建的投资者分歧指标，这类指标不仅度量了实际金融市场中投资者真实想法的分歧还度量了实际金融市场中投资者真实行为的分歧；其次，学者们在理论研究中发现投资者分歧与资产价格波动之间正相关，同样，学者们在实证研究中发现在美国代理抵押担保证券（MBS）市场中投资者分歧对价格波动有正向影响，但是学者们并未在股票市场中特别是中国股票市场中验证这一观点；最后，现有的关于投资者分歧的实证研究主要采用分析师预测分散度、换手率、个人账户数据等指标来测度投资者分歧，这些已有的指标虽然能较好地说明不同类型的投资者之间是否存在分歧以及分歧的程度是大是小，却无法很好地描述在不同类型的投资者之间存在分歧时是哪一类型的投资者的预期在实际市场中会起到主要作用。

基于以上分析，本章试图从实证分析的角度检验中国股票市场中投资者分歧与股票价格波动之间的关系。为了研究上述问题，本章首先试图构建基于投资者拥挤交易行为指标的投资者分歧指标。Barberis 等（2003）认为实际市场中的投资者更愿意采取与市场中其他投资者一致或者类似的交易策略。类似地，本书认为，不管是市场中的理性投资者还是市场中的非理性投资者都有可能采取一致或者类似的交易策略，所以不管是市场中的理性投资者还是市场中的非理性投资者都会存在投资者拥挤交易行为。基于此，本书试图使用分笔交易数据构建基于股票层面的所有投资者的拥挤交易行为指标。具体地，构建个股投资者主买拥挤交易行为指标和个股投资者主卖拥挤交易行为指标来分别表征投资者对于某一特定股票的主买拥挤交易行为和主卖拥挤交易行为，以此度量投资者在实际股票市场中的真实行为，并借此反映投资者在实际股票市场中的真实想法。进一步地，基于个股投资者主买拥挤交易行为指标和个股投资者主卖拥挤交易行为指标，本书试图构建基于股票层面的投资者分歧指标。具体地，使用个股投资者主买拥挤交易行为指标和个股投资者主卖拥挤交易行为指标之差来刻画个股投资者分歧，这一投资者分歧指标不仅反映了对于某一特定股票主买投资者和主卖投资者之间的分歧是否存在以及分歧的程度是大是小，而且这一投资者分歧指标还反映了对于某一特定股票当主买投资者和主卖投资者之间确实存在分歧时是哪一类型的投资者的预期起到主要作用，也就是说，这一基于分笔交易数据所构建的个股投资者分歧指标能较好地度量投资者在实际股票市场中真实行为的分歧并借此较好地反映投资者在实际股票市场中真实想法的分歧。

接着，本章基于构建好的个股投资者分歧指标，实证检验了中国股票市场中投资者分歧与股票价格波动之间的关系，并试图回答以下三个问题：第一，个股投资者分歧指标是否对个股价格波动具有显著的影响？第二，如果个股投资者分歧指标对个股价格波动存在显著的影响，那么个股投资者分歧指标对个股价格波动的影响是线性的还是非线性的？第三，如果个股投资者分歧指标对个股价格波动的影响是非线性的，那么这一非线性的影响是否与个股投资者分歧指标所处的不同状态有关？也就是说，主买投资者的力量在投资者分歧中占优势与主卖投资者的力量在投资者分歧中占优势这两种不同的状态是否与这一非线性的影响有关？特别地，为了更加深入地探索上述所说的第三个问题，本章还进一步研究了个股投资者拥挤交易行为指标与个股价格波动之间的关系，也就是说，本章还分别检验了个股投资者主买拥挤交易行为指标和个股投资者主卖拥挤交易行为指标对个股价格波动的影响，以此从侧面进一步研究上述所说的第三个问题。

最后，在已有结论的基础上，本章试图分析投资者分歧对股票价格波动的影响是否会受到股票不同特征的影响，因此，本章在之后的研究中分别剔除了一定比例的小规模股票、一定比例的发行年限较短的股票以及一定比例的低机构持有股票进行检验。本书通过这些进一步的研究发现，投资者分歧对股票价格波动的影响并不会受到股票不同特征（规模特征、发行年限特征以及机构持有特征）的影响，也就是说，投资者分歧对股票价格波动的影响是稳健的。

3.2 数据

本节主要包括三个方面的内容。首先，本节介绍了个股投资者分歧指标的构建方法。因为本节所构建的个股投资者分歧指标是基于个股投资者拥挤交易行为指标的个股投资者分歧指标，所以在本节第一部分先介绍了个股投资者拥挤交易行为指标的构建方法，接着再介绍了个股投资者分歧指标的构建方法。具体地，个股投资者拥挤交易行为是由个股投资者主买拥挤交易行为指标和个股投资者主卖拥挤交易行为指标分别进行度量，而个股投资者分歧是由个股投资者主买拥挤交易行为指标和个股投资者主卖拥挤交易行为指标之差进行度量。特别地，本节所构建的个股投资者主买拥挤交易行为指标、个股投资者主卖拥挤交易行为指标和个股投资者分歧指标均是由个股的分笔交易数据计算得到。其次，本节介绍了个股价格波动的估计方法，其中，个股价格波动指标是由个股的日度数据计算得到。最后，本节统计了个股价格波动指标、个股投资者主买拥挤交易行为指标、个股投资者主卖拥挤交易行为指标、个股投资者分歧指标、个股超额收益率指标等相关指标的基本统计特征。

3.2.1　个股投资者分歧指标的构建

2013年诺贝尔经济学奖获得者Shiller（2011，2014）在其"人性金融"的观点中肯定了投资者真实想法和真实行为对于实际金融市场研究的重要性，同时，已有的关于投资者拥挤交易行为的研究说明投资者拥挤交易行为能够较好地度量实际金融市场中投资者的真实行为并以此较好地反映实际金融市场中投资者的真实想法。因此，本小节在构建投资者分歧指标时，试图构建能够同时考虑实际金融市场中投资者真实想法分歧和真实行为分歧的投资者分歧指标，也就是说，试图构建基于个股投资者拥挤交易行为指标的个股投资者分歧指标。

为了更清晰地介绍基于个股投资者拥挤交易行为指标的个股投资者分歧指标的构建方法，本小节首先对个股投资者拥挤交易行为指标的构建方法进行介绍。投资者拥挤交易行为指的是投资者或者投机者对某一买卖背后的逻辑深信不疑，所有相反意见皆听不进耳，随着越来越多的投资者和资金朝同一个方向流动，支持资产价格上升或下跌的"逻辑"自我实现，使得这个交易更加挤上加挤。已有的实证研究构建了许多种投资者拥挤交易行为指标，这些投资者拥挤交易行为指标大致可以分为两类。第一类投资者拥挤交易行为指标是基于收益所构建的投资者拥挤交易行为指标（Gustafson et al.，2010；Lou et al.，2013；Pojarliev et al.，2011），这一类投资者拥挤交易行为指标的优点是能够提供高频的数据，然而这一类投资者拥挤交易行为指标不能对投资者拥挤交易行为进行直接的测度。此外，基于收益所构建的投资者拥挤交易行为指标又可以进一步细分为两类：一类是使用个股收益数据所构建的投资者拥挤交易行为指标（Lou et al.，2013），另一类是使用基金收益数据所构建的投资者拥挤交易行为指标（Gustafson et al.，2010；Pojarliev et al.，2011）。第二类投资者拥挤交易行为指标是基于持有指标所构建的投资者拥挤交易行为指标（Cahan et al.，2013；Gustafson et al.，2010；Hanson et al.，2014；Hong et al.，2015；

Kelley et al., 2013）。不同于第一类投资者拥挤交易行为指标，这一类投资者拥挤交易行为指标的优点是能够对投资者拥挤交易行为进行直接的测度，然而这一类投资者拥挤交易行为指标一般只能提供较为低频的数据。其中，Kelley等（2013）选取了能度量散户投资者集体行动的买卖非均衡指标作为测度散户投资者拥挤交易行为的代理变量。参考 Kelley 等（2013）构建散户投资者拥挤交易行为指标的方法，本小节试图构建股票层面的能够度量股票市场中所有投资者集体行动的个股投资者拥挤交易行为指标。具体地，使用个股的分笔交易数据，参照 Lee 等（1991）的算法从个股的交易量中分离出个股的主买交易量和个股的主卖交易量，并结合中国股票市场中的股票有流通股和非流通股两类的现状，以个股的主买交易量和个股的主卖交易量分别在个股的自由流通股本中的占比来表征个股投资者主买拥挤交易行为和个股投资者主卖拥挤交易行为。不同于现有的基于收益所构建的投资者拥挤交易行为指标和基于持有指标所构建的投资者拥挤交易行为指标，本小节所构建的这两个个股投资者拥挤交易行为指标虽然均是基于持有指标所构建的股票层面的投资者拥挤交易行为指标，但是这两个个股投资者拥挤交易行为指标却同时具有两类投资者拥挤交易行为指标的优点，这两个个股投资者拥挤交易行为指标既能够对股票层面的投资者拥挤交易行为进行直接的测度，又能够提供高频的数据。更为重要的是，这两个个股投资者拥挤交易行为指标与已有的投资者拥挤交易行为指标有着本质的区别：首先，因为投资者或者投机者对于交易方向会有不同的认知，所以区别于现有的投资者拥挤交易行为指标，本小节根据投资者或者投机者的交易方向分别构建了个股投资者主买拥挤交易行为指标和个股投资者主卖拥挤交易行为指标这两个指标来表征股票层面的投资者的拥挤交易行为。其次，已有的投资者拥挤交易行为指标多为基于机构投资者的拥挤交易行为指标，然而，在中国股票市场这一新兴股票市场中，散户投资者同样占据着不可忽视的地位，因此，不同于已有的投资者拥挤交易行为指标，本小节所构建的两个个股投资者拥挤交易行为指标均是基于所有投资者（包含机构投资者和散户投资者）的拥挤交易行为指标，即这两个个股投资者拥挤交易行为指标均能够度量股票层面的所有投资者（包含机构投资者和散户投资者）的集体行动。

根据 RESSET 数据库所提供的特定股票的分笔交易数据来构建个股投资者拥挤交易行为指标，即个股投资者主买拥挤交易行为指标和个股投资者主卖拥挤交易行为指标。特别地，通过特定股票的主买交易量（$BV_{i,t}$）、特定股票的主卖交易量（$SV_{i,t}$）及特定股票的自由流通股股数（$SO_{i,t}$）的数据分别计算了个股投资者主买拥挤交易行为指标（$C_{i,t}^{B}$）和个股投资者主卖拥挤交易行为指标（$C_{i,t}^{S}$）。具体地，将个股投资者主买拥挤交易行为指标（$C_{i,t}^{B}$）定义为特定股票的主买交易量（$BV_{i,t}$）与相应股票的自由流通股股数（$SO_{i,t}$）的比值，其具体表达式如下所示：

$$C_{i,t}^{B} = \frac{BV_{i,t}}{SO_{i,t}} \tag{3-1}$$

其中，$BV_{i,t}$ 为股票 i 在第 t 个月的主买交易量，$SO_{i,t}$ 是股票 i 在第 t 个月的自由流通股股数。具体地，$BV_{i,t}$ 的算法为：对于股票 i 在第 t 个月的每笔交易，若其成交价大于其前一笔交易买一价和前一笔交易卖一价的平均值，则将这一笔交易所对应的交易量记为主买交易量；若其成交价等于其前一笔交易买一价和前一笔交易卖一价的平均值，则将其成交价与其前第二笔交易买一价和前第二笔交易卖一价的平均值作对比，若其成交价大于其前第二笔交易买一价和前第二笔交易卖一价的平均值，则将这一笔交易所对应的交易量记为主买交易量；若其成交价等于其前第二笔交易买一价和前第二笔交易卖一价的平均值，则将其成交价与其前第三笔交易买一价和前第三笔交易卖一价的平均值作对比，若其成交价大于其前第三笔交易买一价和前第三笔交易卖一价的平均值，则将这一笔交易所对应的交易量记为主买交易量；若其成交价等于其前第三笔交易买一价和前第三笔交易卖一价的平均值，则将这一笔交易所对应的交易量记为无法确定买卖方向的交易量；将股票 i 在第 t 个月的每笔交易按上述步骤分离出股票 i 在第 t 个月的每笔主买交易量，将股票 i 在第 t 个月的每笔主买交易量进行加总即可得股票 i 在第 t 个月的主买交易量 $BV_{i,t}$。个股投资者主买拥挤交易行为指标 $C_{i,t}^B$ 可以度量在特定时间点 t 对于股票 i 采取同一交易策略即主动买入策略的所有投资者所达成的相较于股票 i 自由流通股本的相对交易量，也就是说，个股投资者主买拥挤交易行为指标 $C_{i,t}^B$ 可以较好地度量股票层面的所有投资者的主买拥挤交易程度，特别地，此处的所有投资者指的是预期在特定时间点 t 投资于股票 i 将获得正收益的所有机构投资者和散户投资者。因此，个股投资者主买拥挤交易行为指标 $C_{i,t}^B$ 能够较好地反映实际股票市场中主买投资者的真实行为和真实想法。

类似地，本小节将个股投资者主卖拥挤交易行为指标（$C_{i,t}^S$）定义为特定股票的主卖交易量（$SV_{i,t}$）与相应股票的自由流通股股数（$SO_{i,t}$）的比值，其具体表达式如下所示：

$$C_{i,t}^S = \frac{SV_{i,t}}{SO_{i,t}} \qquad （3\text{-}2）$$

其中，$SV_{i,t}$ 为股票 i 在第 t 个月的主卖交易量，$SO_{i,t}$ 是股票 i 在第 t 个月的自由流通股股数。具体地，$SV_{i,t}$ 的算法为：对于股票 i 在第 t 个月的每笔交易，若其成交价小于其前一笔交易买一价和前一笔交易卖一价的平均值，则将这一笔交易所对应的交易量记为主卖交易量；若其成交价等于其前一笔交易买一价和前一笔交易卖一价的平均值，则将其成交价与其前第二笔交易买一价和前第二笔交易卖一价的平均值作对比，若其成交价小于其前第二笔交易买一价和前第二笔交易卖一价的平均值，则将这一笔交易所对应的交易量记为主卖交易量；若其成交价等于其前第二笔交易买一价和前第二笔交易卖一价的平均值，则将其成交价与其前第三笔交易买一价和前第三笔交易卖一价的平均值作对比，若其成交价小于其前第三笔交易买一价和前第三笔交易卖一价的平均值，则将这一笔交易所对应的交易量记为主卖交易量；若其成交价等于其前第三笔交易买一价和前第三笔交易卖一价的平均值，则将这一笔交易所对应的交易量记为无法确定买卖方向的交易量；将股票 i 在第 t 个月的每笔交易按上述步骤

分离出股票 i 在第 t 个月的每笔主卖交易量，将股票 i 在第 t 个月的每笔主卖交易量进行加总即可得股票 i 在第 t 个月的主卖交易量 $SV_{i,t}$。个股投资者主卖拥挤交易行为指标 $C_{i,t}^S$ 可以度量在特定时间点 t 对于股票 i 采取同一交易策略即主动卖出策略的所有投资者所达成的相较于股票 i 自由流通股本的相对交易量，也就是说，个股投资者主卖拥挤交易行为指标 $C_{i,t}^S$ 可以较好地度量股票层面的所有投资者的主卖拥挤交易程度，特别地，此处的所有投资者指的是预期在特定时间点 t 投资于股票 i 将获得负收益的所有机构投资者和散户投资者。因此，个股投资者主卖拥挤交易行为指标 $C_{i,t}^S$ 能够较好地反映实际股票市场中主卖投资者的真实行为和真实想法。

在介绍完个股投资者拥挤交易行为指标的构建方法后，接下来，本小节将进一步介绍基于个股投资者拥挤交易行为指标的个股投资者分歧指标的构建方法。Miller（1977）认为投资者对于投资某一风险资产所获得的收益有不同的预期即为投资者分歧。现有的实证研究提出了许多种用于度量投资者分歧的代理变量，这些投资者分歧的代理变量可以粗略地分为两类。第一类投资者分歧指标是基于调查数据所构建的投资者分歧指标（Bamber et al.，1999；Barron，1995；Carlin et al.，2014；Diether et al.，2002；Kim et al.，2014；Li et al.，2004；Moeller et al.，2007；Nagel，2005；Yu，2011；高峰 等，2003；南晓莉，2015；俞红海 等，2015），这一类投资者分歧指标能够较好地反映投资者在实际金融市场中真实想法上的分歧。特别地，这一类投资者分歧指标的优点是能够对投资者的预测进行直接的测度，但是这一类投资者分歧指标有以下三个缺点：首先，构建该类投资者分歧指标所使用的调查数据即被调查对象的预测数据往往是有偏的。其次，被调查对象的预测并不一定能够代表实际金融市场中的投资者的预测，比如，该类投资者分歧指标中最具有代表性的分析师预测分散度指标调查的是分析师预测的分歧，但是实际金融市场中的投资者并不一定会听从分析师的意见，所以许多学者对使用分析师预测分散度指标来度量投资者分歧仍然存在质疑（Dechow et al.，2000；Lin et al.，1998；

McNichols et al.，1997）。最后，构建该类投资者分歧指标所使用的调查数据往往是很难获取并需要耗费大量人力物力的，因此，现有的有关调查数据通常比较陈旧、数据时期有限并且数据较为低频。第二类投资者分歧指标是基于交易数据所构建的投资者分歧指标（Ang et al.，2006；Boehme et al.，2006；Brennan et al.，1998；Garfinkel，2009；Nagel，2005），这一类投资者分歧指标不仅能够较好地反映投资者在实际金融市场中真实想法上的分歧，还能够较好地度量投资者在实际金融市场中真实行为上的分歧。不同于第一类投资者分歧指标，这一类投资者分歧指标的优点是能够提供高频的并且与参与实际金融市场交易的投资者直接相关的数据，然而这一类投资者分歧指标的缺点是现有的基于交易数据所构建的投资者分歧指标不仅仅度量了投资者的分歧。参考已有的基于调查数据所构建的投资者分歧指标的构建思想和已有的基于交易数据所构建的投资者分歧指标所使用的数据，在已构建的个股投资者拥挤交易行为指标的基础上，本小节试图构建股票层面的不仅能够度量主买投资者和主卖投资者在股票市场中真实行为上的分歧，而且能够反映主买投资者和主卖投资者在股票市场中真实想法上的分歧的个股投资者分歧指标。具体地，在通过个股的分笔交易数据构建出个股投资者主买拥挤交易行为指标和个股投资者主卖拥挤交易行为指标后，本小节使用个股投资者主买拥挤交易行为指标和个股投资者主卖拥挤交易行为指标之差来表征对于某一特定股票主买投资者和主卖投资者之间的投资者分歧。区别于现有的基于调查数据所构建的投资者分歧指标和基于交易数据所构建的投资者分歧指标，本小节所构建的个股投资者分歧指标虽然也是基于交易数据所构建的股票层面的投资者分歧指标，但是这一指标却同时具有已有的两类投资者分歧指标的优点，即个股投资者分歧指标不仅能够对股票层面的投资者分歧进行直接的测度，而且能够提供高频的同时又与参与股票市场交易的投资者直接相关的数据。值得注意的是，本小节所构建的个股投资者分歧指标与现有的投资者分歧指标有着本质的区别：现有的投资者分歧指标能够较好地度量不同类型的投资者之间分歧是否存在以及不同类型投资者之间的分歧程度的大小，然而，个股投资者分歧指标既能够测度对于某一特定股票其主买投资者和主卖投资者之间是否存在分歧及主买投资者和主卖投资者之间的分歧程度的大小，又同时能够测度当对于某一特定股票其主买投资者和主卖投资者之间的分歧确实存在时，是主买投资者的预期起主要作用还是主卖投资者的预期起主要作用。

  本小节前半部分已经根据 RESSET 数据库所提供的特定股票的分笔交易数据构建出了个股投资者主买拥挤交易行为指标和个股投资者主卖拥挤交易行为指标这两个个股投资者拥挤交易行为指标，进一步地，以这两个个股投资者拥挤交易行为指标为基础构建个股投资者分歧指标。特别地，本小节依据特定股票的个股投资者主买拥挤交易行为指标（$C_{i,t}^{B}$）和特定股票的个股投资者主卖拥挤交易行为指标（$C_{i,t}^{S}$）计算个股投资者分歧指标（$D_{i,t}^{C}$）。具体地，将特定股票的个股投资者主买拥挤交易行为指标（$C_{i,t}^{B}$）和特定股票的个股投资者主卖拥挤交易行为指标（$C_{i,t}^{S}$）之差定义为个股投资者分歧指标（$D_{i,t}^{C}$），其具体表达式如下所示：

$$D_{i,t}^{C}=C_{i,t}^{B}-C_{i,t}^{S} \tag{3-3}$$

其中，$C_{i,t}^{B}$ 为股票 i 在第 t 个月的个股投资者主买拥挤交易行为指标，$C_{i,t}^{S}$ 为股票 i 在第 t 个月的个股投资者主卖拥挤交易行为指标。如前文所述，个股投资者主买拥挤交易行为指标 $C_{i,t}^{B}$ 测度了在特定时间点 t 对于股票 i 采取同一交易策略即主动买入策略的所有投资者所达成的相较于股票 i 自由流通股本的相对交易量，即测度了所有预期在特定时间点 t 投资于股票 i 将获得正收益的投资者在股票市场中所形成的力量；而个股投资者主卖拥挤交易行为指标 $C_{i,t}^{S}$ 测度了在特定时间点 t 对于股票 i 采取同一交易策略即主动卖出策略的所有投资者所达成的相较于股票 i 自由流通股本的相对交易量，即测度了所有预期在特定时间点 t 投资于股票 i 将获得负收益的投资者在股票市场中所形成的力量。因此，基于个股投资者拥挤交易行为指标的个股投资者分歧指标 $D_{i,t}^{C}$ 可以度量在特定时间点 t 对于股票 i 采取不同交易策略的两类投资者分别所达成的相较于

股票 i 自由流通股本的相对交易量的差异，即在特定时间点 t 对于股票 i 采取主动买入策略的所有主买投资者所达成的相较于股票 i 自由流通股本的相对交易量与在特定时间点 t 对于股票 i 采取主动卖出策略的所有主卖投资者所达成的相较于股票 i 自由流通股本的相对交易量的差异。也就是说，基于个股投资者拥挤交易行为指标的个股投资者分歧指标 $D_{i,t}^C$ 可以较好地度量所有预期在特定时间点 t 投资于股票 i 将获得正收益的主买投资者在股票市场中所形成的力量与所有预期在特定时间点 t 投资于股票 i 将获得负收益的主卖投资者在股票市场中所形成的力量的差异，而这一差异则反映了这两类投资者即主买投资者和主卖投资者之间的关于在特定时间点 t 是否应该投资于股票 i 的投资者分歧。具体地，若个股投资者分歧指标为正数（ $D_{i,t}^C > 0$ ），则意味着对于在特定时间点 t 是否应该投资于股票 i 主买投资者和主卖投资者之间确实存在分歧且主买投资者的力量强于主卖投资者的力量，即此时主买投资者的预期起到主要作用；若个股投资者分歧指标为负数（ $D_{i,t}^C < 0$ ），则意味着对于在特定时间点 t 是否应该投资于股票 i 主买投资者和主卖投资者之间确实存在分歧且主买投资者的力量弱于主卖投资者的力量，即此时主卖投资者的预期起到主要作用。基于此，个股投资者分歧指标 $D_{i,t}^C$ 能够较好地反映实际股票市场中主买投资者和主卖投资者之间真实行为的分歧和真实想法的分歧。

3.2.2 个股价格波动

在本章的分析中，个股价格波动是一个十分重要的变量，因此，在这一小节，本书将主要讨论对于个股价格波动的度量。

对股票价格波动的研究是金融学研究的核心内容之一，风险管理、投资组合选择等许多重要课题都十分注重对股票价格波动即股票风险的准确度量。对股票价格波动的度量方法有很多种，其中最为常用并且被广为接受的一种度量方法是标准差指标。该度量方法最早是由 Markowitz（1952）在其经典论文中采用，该方法使用股票收益率分布的标准差来测量股票价格波动，股票收益率的标准差越大则意味着该股票的波动越大。该度量方法中使用的标准差可以直观地反映出变量波动过程中的离散程度，并且计算简单，是 Markowitz（1952）均值—方差分析的核心指标之一。

基于此，本小节使用个股月度内日超额收益率的标准差来度量个股价格波动，此外，借鉴已有的关于股票价格波动的研究，对计算个股价格波动的样本数据进行了初步处理，只保留月交易天数大于或等于10天的样本，即将月交易天数小于10天的样本剔除。具体地，使用股票 i 在第 t 个月的日超额收益率的标准差来估计股票 i 在第 t 个月的股票价格波动，也就是说，股票 i 在第 t 个月的股票价格波动 $VOL_{i,t}$ 可表示为：

$$VOL_{i,t} = \sqrt{\frac{\sum_{\tau \in t}\left(Rirf_{i,\tau} - \overline{Rirf_{i,t}}\right)^2}{n_{i,t}}}$$ （3-4）

并且，

$$R_{i,\tau} = \ln\left(\frac{P_{i,\tau}}{P_{i,\tau-1}}\right)$$ （3-5）

$$Rirf_{i,\tau} = R_{i,\tau} - R_{f,\tau}$$ （3-6）

其中，$Rirf_{i,\tau}$ 为股票 i 在第 t 个月的第 τ 天的日超额收益率（$\tau \in t$），$\overline{Rirf_{i,t}}$ 为股票 i 在第 t 个月的日超额收益率的均值，$n_{i,t}$ 为股票 i 在第 t 个月的交易天数，$P_{i,\tau}$ 为股票 i 在第 t 个月的第 τ 天的日收盘价（$\tau \in t$），$R_{i,\tau}$ 为股票 i 在第 t 个月的第 τ 天的日收益率（$\tau \in t$），$R_{f,\tau}$ 为第 t 个月的第 τ 天的日无风险收益率（$\tau \in t$）。

3.2.3　描述性统计

为了研究个股投资者分歧与个股价格波动之间的关系，本章选取了上证A股和深证A股的全市场股票，在剔除了月交易数据小于30个月的股票样本后，共选取了2 441只A股（其中包括了937只上证A股和1 504只深证A股）。本章在实证研究中所采用的样本期为2005年4月至2016年3月，所选取的数据频率为月度。具体来说，本章研究的个股价格波动（$VOL_{i,t}$）是由个股收盘价（$P_{i,\tau}$）

和无风险收益率（$R_{f,\tau}$）这两个变量计算得来的，这两个变量的数据来源于 RESSET 数据库，其研究期限为2005年4月1日至2016年3月31日，其数据频率为日度。本章研究的个股投资者分歧指标（$D_{i,t}^{C}$）、个股投资者主买拥挤交易行为（$C_{i,t}^{B}$）和个股投资者主卖拥挤交易行为（$C_{i,t}^{S}$）是由个股主买交易量（$BV_{i,t}$）、个股主卖交易量（$SV_{i,t}$）和个股自由流通股股数（$SO_{i,t}$）这三个变量计算得来的，这三个变量的数据来源于 RESSET 数据库，其研究期限为2005年4月至2016年3月，其数据频率为月度；值得注意的是，其中的个股主买交易量（$BV_{i,t}$）和个股主卖交易量（$SV_{i,t}$）是由这2 441只个股的分笔交易数据计算得到，其数据范围较广，包含了2005年4月至2016年3月这11年间937只上证 A 股和1 504只深证 A 股大约189亿条分笔交易数据。本章研究的个股超额收益率（$Rirf_{i,\tau}$）是由个股收盘价（$P_{i,\tau}$）和无风险收益率（$R_{f,\tau}$）这两个变量计算得来的，这两个变量的数据来源于 RESSET 数据库，其研究期限为2005年4月至2016年3月，其数据频率为月度。本章在进一步研究股票不同特征是否会影响个股投资者分歧与个股价格波动之间的关系时，使用了公司规模（$Size_{i,t}$）、公司年龄（$Age_{i,t}$）和个股机构持有权（$IO_{i,t}$）这三个变量，这三个变量的数据来源于 Wind 数据库，其研究期限为2005年4月至2016年3月，其数据频率为月度；特别地，月度的个股机构持有权（$IO_{i,t}$）变量是经过调整后的月度个股机构持有权变量，其具体算法是当月的月度个股机构持有权数据等于离该月最近的季度所对应的季度个股机构持有权数据。

针对本章在实证研究中所使用的主要变量（个股价格波动 $VOL_{i,t}$、个股投资者分歧 $D_{i,t}^{C}$、个股投资者主买拥挤交易行为 $C_{i,t}^{B}$、个股投资者主卖拥挤交易行为 $C_{i,t}^{S}$ 和个股超额收益率 $Rirf_{i,\tau}$ 这五个变量），在对原始数据进行预处理即将原始数据的空值剔除后，使用 Stata 软件统计了2 441只 A 股（其中包括了937只上证 A 股和1 504只深证 A 股）相关主要指标的基本统计特征，包括均值、标准差、最小值、中位数、最大值、偏度和峰度等统计量，具体结果如表3-1所示。

表3-1　股票价格波动研究的描述性统计

变量	均值	标准差	最小值	中位数	最大值	偏度	峰度	观测值
$VOL_{i,t}$	0.031 2	0.036 5	0.000 1	0.028 1	8.712 8	120.185 8	20 939.970 0	235 757
$D_{i,t-1}^{C}$	0.000 0	0.001 9	-0.019 7	-0.000 1	0.674 5	276.462 5	88 609.190 0	235 757
$C_{i,t-1}^{B}$	0.003 7	0.004 1	0.000 0	0.002 7	0.676 7	42.667 2	5 191.996 0	235 757
$C_{i,t-1}^{S}$	0.003 7	0.003 4	0.000 0	0.002 8	0.335 5	16.361 9	1 124.292 0	235 757
$Rirf_{i,t-1}$	0.008 6	0.159 4	-1.620 2	0.010 9	2.666 7	0.089 9	7.365 3	235 757

表3-1描述了个股价格波动研究中涉及的主要变量的描述性统计特征。个股价格波动 $VOL_{i,t}$ 的均值和标准差分别是0.031 2和0.036 5；个股投资者分歧 $D_{i,t-1}^{C}$ 的均值和标准差分别为0.000 0和0.001 9；个股投资者主买拥挤交易行为 $C_{i,t-1}^{B}$ 的均值和标准差分别是0.003 7和0.004 1；个股投资者主卖拥挤交易行为 $C_{i,t-1}^{S}$ 的均值和标准差分别为0.003 7和0.003 4；个股超额收益率 $Rirf_{i,t-1}$ 的均值和标准差分别是0.008 6和0.159 4。

3.3　个股投资者分歧与个股价格波动的横截面效应

现有的相关理论研究说明投资者分歧确实对资产价格波动有显著的影响（Baker et al.，2016；Banerjee et al.，2010；Daniel et al.，1998；Harrison et al.，1978；Hong et al.，2003；Miller，1977；Scheinkman et al.，2003；Shalen，1993；Zapatero，1998），已有的实证研究也在美国代理抵押担保证券（MBS）市场中验证了这一结论（Carlin et al.，2014）。虽然学者们并没有在股票市场尤其是中国股票市场验证这一结论，但基于已有的相关文献，本书推测在中国股票市场中投资者分歧对股票价格波动有着系统性影响，并试图验证这一结论。本小节以我国股票市场的2 441只 A 股为研究样本，使用 Fama-MacBeth 横截面回归分析方法研究个股投资者分歧与个股价格波动之间的关系，具体的多元回归模型如下所示：

$$\ln(VOL_{i,t}) = \beta_t + \beta_{DC,t} D_{i,t-1}^C + \beta_{I,t} I_{i,t-1} + \beta_{IDC,t} I_{i,t-1} D_{i,t-1}^C + \varepsilon_{i,t} \qquad (3\text{-}7)$$

$$\ln(VOL_{i,t}) = \beta_t + \beta_{DC,t} D_{i,t-1}^C + \beta_{I,t} I_{i,t-1} + \beta_{IDC,t} I_{i,t-1} D_{i,t-1}^C + \beta_{Rirf,t} Rirf_{i,t-1} + \varepsilon_{i,t} \quad (3\text{-}8)$$

$$\ln(VOL_{i,t}) = \beta_t + \beta_{DC,t} D_{i,t-1}^C + \beta_{I,t} I_{i,t-1} + \beta_{IDC,t} I_{i,t-1} D_{i,t-1}^C + \beta_{VOL,t} \ln(VOL_{i,t-1}) + \varepsilon_{i,t}$$
$$(3\text{-}9)$$

$$\ln(VOL_{i,t}) = \beta_t + \beta_{DC,t} D_{i,t-1}^C + \beta_{I,t} I_{i,t-1} + \beta_{IDC,t} I_{i,t-1} D_{i,t-1}^C + \beta_{Rirf,t} Rirf_{i,t-1} +$$
$$\beta_{VOL,t} \ln(VOL_{i,t-1}) + \varepsilon_{i,t} \qquad (3\text{-}10)$$

其中，β_t、$\beta_{DC,t}$、$\beta_{I,t}$、$\beta_{IDC,t}$、$\beta_{Rirf,t}$、$\beta_{VOL,t}$ 均为待估计参数，$VOL_{i,t}$ 为股票 i 在第 t 个月的股票价格波动，$D_{i,t-1}^C$ 为股票 i 在第 $t-1$ 个月的投资者分歧，$I_{i,t-1}$ 为股票 i 在第 $t-1$ 个月关于股票 i 的投资者分歧的虚拟变量（如果 $D_{i,t-1}^C \le 0$，则 $I_{i,t-1}=0$；如果 $D_{i,t-1}^C > 0$，则 $I_{i,t-1}=1$），$Rirf_{i,t-1}$ 为股票 i 在第 $t-1$ 个月的月超额收益率，$\varepsilon_{i,t}$ 为残差。同时，本小节对多元回归模型中所涉及的所有变量进行平稳性检验，具体使用了 ADF-Fisher 检验，结果发现式（3-7）至式（3-10）所涉及的所有变量均通过了 ADF-Fisher 检验，因此多元回归模型中所涉及的所有变量均是平稳的。

表3-2报告了个股投资者分歧指标的滞后值对个股价格波动的横截面影响。式（3-7）的实证结果展示了不包含任何控制变量情况下的个股投资者分歧效应。当滞后的个股投资者分歧指标为负数时（$D_{i,t-1}^C < 0$），个股价格波动与滞后的投资者分歧之间的关系是负向的（-135.850 9，t 统计量 = -8.72），也就是说，当主卖投资者的力量强于主买投资者的力量时，主卖投资者和主买投资者之间的分歧越大即个股投资者分歧指标的绝对值越大，则个股价格波动也越大；当滞后的个股投资者分歧指标为正数时（$D_{i,t-1}^C > 0$），个股价格波动与滞后的投资者分歧之间的关系是正向的（97.548 9，t 统计量 = 11.03），也就是说，当主买投资者的力量强于主卖投资者的力量时，主买投资者和主卖投资者之间的分歧越大即个股投资者分歧指标的绝对值越大，则个股价格波动也越大；此外，这两种状态之间的差异是显著的并且是正向的（233.399 8，t 统计量 = 11.63）。

表3-2　个股投资者分歧与个股价格波动

变量	式（3-7）	式（3-8）	式（3-9）	式（3-10）
截距	−3.608 3 (−101.47)	−3.639 4 (−103.44)	−2.237 8 (−45.02)	−2.328 0 (−47.55)
$D_{i,t-1}^{C}$	−135.850 9 (−8.72)	−167.838 7 (−10.58)	−48.727 0 (−5.31)	−71.499 4 (−8.81)
$I_{i,t-1}$	0.067 2 (9.57)	0.044 4 (9.05)	0.016 8 (4.27)	0.007 7 (2.51)
$I_{i,t-1}D_{i,t-1}^{C}$	233.399 8 (11.63)	231.211 3 (12.23)	82.156 5 (7.29)	90.420 0 (8.94)
$Rirf_{i,t-1}$		0.433 6 (7.23)		0.223 1 (5.70)
$\ln\left(VOL_{i,t-1}\right)$			0.372 0 (21.15)	0.353 9 (20.76)
平均调整 R^2	0.041 9	0.079 1	0.187 0	0.202 4
N	235 757	235 757	235 757	235 757

注：表格中的所有结果均经过 Newey-West 调整，圆括号内报告的是系数所对应的 t 统计量，N 为观测值。

上述实证结果说明，个股投资者分歧对个股价格波动有系统性影响，并且这一影响是非线性的，特别地，这一非线性的影响与个股投资者分歧指标所处的不同状态有关。进一步地，为了获得更加稳健的实证结果，本书试图在式（3-7）中加入一些控制变量。许多学者认为在股票市场中存在杠杆效应（leverage effect），杠杆效应指的是股票收益和股票价格波动之间存在着负向关系（Bekaert et al., 2000; Campbell et al., 1992; Campbell et al., 2001）。因此，考虑到杠杆效应的影响，本书在式（3-8）中加入滞后的个股超额收益率作为控制变量。式（3-8）的实证结果说明，在考虑滞后的个股超额收益率的影响下，个股投资者分歧对个股价格波动的影响仍然是显著的并且是非线性的：在滞后的个股投资者分歧指标是负数的情况下（$D_{i,t-1}^{C}<0$），滞后的个股投资者分歧指标的系数是 −167.838 7，其 t 统计量为 −10.58；在滞后的个股投资者分歧指标是正数的情况下（$D_{i,t-1}^{C}>0$），滞后的个股投资者分歧指标的系数是63.372 6，

其 t 统计量为8.32。此外，因为股票价格波动具有持续性（persistent），所以本书在式（3-9）中加入滞后的个股价格波动指标作为控制变量。在式（3-9）中，本书发现在滞后的个股投资者分歧为负数的状态下（$D_{i,t-1}^{C}<0$），个股投资者分歧指标的滞后值对个股价格波动具有显著的负的影响（-48.727 0，t 统计量 = -5.31），然而在滞后的个股投资者分歧为正数的状态下（$D_{i,t-1}^{C}>0$），个股投资者分歧指标的滞后值对个股价格波动具有显著的正的影响（33.429 5，t 统计量 = 6.86），同时，这两种不同状态之间的差异是显著的，其系数及相应的 t 统计量分别为82.156 5和7.29。也就是说，即使在将滞后的个股价格波动作为控制变量的情形下，个股投资者分歧对个股价格波动的影响依然是稳健的。最后，在式（3-10）中，本书同时引入滞后的个股超额收益率指标和滞后的个股价格波动指标作为控制变量。式（3-10）的实证结果揭示了与上述结论一致的结论，即个股投资者分歧指标对个股价格波动具有显著的非线性的影响。具体地，当滞后的个股投资者分歧指标小于0时（$D_{i,t-1}^{C}<0$），个股价格波动随着个股投资者分歧指标滞后值的增加而减小（-71.499 4，t 统计量 = -8.81）；当滞后的个股投资者分歧指标大于0时（$D_{i,t-1}^{C}>0$），个股价格波动随着个股投资者分歧指标滞后值的增加而增加（18.920 6，t 统计量 = 3.95）。上述实证结果验证了个股价格波动与个股投资者分歧指标之间的关系：个股投资者分歧指标对个股价格波动具有显著的影响，特别地，这一影响是非线性的，也就是说，在个股投资者分歧指标的滞后值为负时，个股投资者分歧的滞后值与个股价格波动之间具有显著的负向关系；而在个股投资者分歧指标的滞后值为正时，个股投资者分歧的滞后值与个股价格波动之间具有正向关系。

为了更加深入地说明个股投资者分歧指标对个股价格波动的非线性的影响与个股投资者分歧指标所处的不同状态有关，本书进一步分别研究了个股投资者主买拥挤交易行为指标和个股投资者主卖拥挤交易行为指标对个股价格波动的影响。具体地，本书采用 Fama-MacBeth 横截面回归分析方法分析个股投资者主买拥挤交易行为和个股投资者主卖拥挤交易行为这两类不同类型的投资者拥挤交易行为对个股价格波动的横截面效应。首先，本书检验了个股投资者主买拥挤交易行为指标对个股价格波动的横截面效应，其具体回归模型如下所示：

$$\ln(VOL_{i,t}) = \beta_t + \beta_{BC,t}C_{i,t-1}^B + \varepsilon_{i,t} \tag{3-11}$$

$$\ln(VOL_{i,t}) = \beta_t + \beta_{BC,t}C_{i,t-1}^B + \beta_{Rirf,t}Rirf_{i,t-1} + \varepsilon_{i,t} \tag{3-12}$$

$$\ln(VOL_{i,t}) = \beta_t + \beta_{BC,t}C_{i,t-1}^B + \beta_{VOL,t}\ln(VOL_{i,t-1}) + \varepsilon_{i,t} \tag{3-13}$$

$$\ln(VOL_{i,t}) = \beta_t + \beta_{BC,t}C_{i,t-1}^B + \beta_{Rirf,t}Rirf_{i,t-1} + \beta_{VOL,t}\ln(VOL_{i,t-1}) + \varepsilon_{i,t} \tag{3-14}$$

其中，$C_{i,t-1}^B$ 为股票 i 在第 $t-1$ 个月的投资者主买拥挤交易行为。同样地，本书采用 ADF-Fisher 检验的方法对回归模型中所涉及的所有变量进行了平稳性检验，检验结果表明式（3-11）~ 式（3-14）中所涉及的所有变量均是平稳的。

表3-3中的 Panel A 描述了在我国 A 股市场中个股投资者主买拥挤交易行为指标的滞后值对个股价格波动的横截面影响。首先，在不考虑任何控制变量的情形下，式（3-11）的实证结果显示，滞后的个股投资者主买拥挤交易行为指标对个股价格波动具有显著的正向影响，其系数是31.790 8，其相应的 t 统计量是14.87。这一实证结果意味着个股投资者主买拥挤交易程度越高，则个股价格波动越大，也就是说，主买投资者的力量增加会导致个股价格波动增大。类似于对上文个股投资者分歧横截面效应的研究，本书在式（3-11）中加入滞后的个股超额收益率指标和滞后的个股价格波动指标作为控制变量。式（3-12）在考虑滞后的个股超额收益率的影响的情况下分析了个股投资者主买拥挤交易行为指标的滞后值与个股价格波动之间的关系，其实证结果表明两者之间存在正向关系。具体地，滞后的个股投资者主买拥挤交易行为指标的因子载荷为28.973 2(t 统计量 =14.15)。在考虑个股价格波动的滞后值的影响下，式（3-13）检验了个股投资者主买拥挤交易行为指标对个股价格波动的影响。式（3-13）的实证结果说明，个股价格波动随着滞后的个股投资者主买拥挤交易行为指标的增加而增大（ 12.889 7， t 统计量 =14.11 ）。式（3-14）则在同时将滞后的个股超额收益率的影响和滞后的个股价格波动的影响考虑在内的情形下，研究了滞后的个股投资者主买拥挤交易行为指标与个股价格波动的横截面效应。式

（3-14）的研究表明，个股投资者主买拥挤交易行为指标的滞后值对个股价格波动的影响是显著的，且该影响是正向的影响（11.950 1，t 统计量 =12.91）。

表3-3　个股投资者拥挤交易行为与个股价格波动

Panel A：个股投资者主买拥挤交易行为对个股价格波动的影响				
变量	式（3-11）	式（3-12）	式（3-13）	式（3-14）
截距	-3.654 0（-101.91）	-3.677 8（-105.75）	-2.392 7（-52.56）	-2.468 1（-54.83）
$C_{i,t-1}^{B}$	31.790 8（14.87）	28.973 2（14.15）	12.889 7（14.11）	11.950 1（12.91）
$Rirf_{i,t-1}$		0.244 8（4.92）		0.144 1（3.78）
$\ln(VOL_{i,t-1})$			0.335 6（20.73）	0.320 4（20.20）
平均调整 R^2	0.090 5	0.119 9	0.190 3	0.206 2
N	235 757	235 757	235 757	235 757
Panel B：个股投资者主卖拥挤交易行为对个股价格波动的影响				
变量	式（3-15）	式（3-16）	式（3-17）	式（3-18）
截距	-3.659 9（-101.83）	-3.683 8（-105.81）	-2.392 6（-53.22）	-2.479 7（-55.22）
$C_{i,t-1}^{S}$	32.834 4（15.50）	30.156 2（15.05）	13.550 5（14.53）	12.941 4（13.74）
$Rirf_{i,t\,1}$		0.291 9（5.82）		0.163 2（4.30）
$\ln(VOL_{i,t-1})$			0.336 4（20.89）	0.318 4（20.20）
平均调整 R^2	0.090 2	0.122 1	0.190 8	0.207 2
N	235 757	235 757	235 757	235 757

注：表格中的所有结果均经过 Newey-West 调整，圆括号内报告的是系数所对应的 t 统计量，N 为观测值。

由上述实证结果可知，滞后的个股投资者主买拥挤交易行为指标对个股价格波动具有系统性影响，具体地，当个股投资者主买拥挤交易行为指标增大时，个股价格波动也会随之增大，也就是说，当主买投资者的力量越大时，个股价

格波动也会随之越大。这一实证结果能侧面验证当滞后的个股投资者分歧指标
为正数时，个股价格波动与滞后的投资者分歧之间的关系是正向的这一结论。

在研究了个股投资者主买拥挤交易行为指标与个股价格波动之间的关系
之后，本书接下来研究了个股投资者主卖拥挤交易行为指标与个股价格波动之
间的关系。具体地，本书使用 Fama-MacBeth 横截面回归分析方法分析了个股
投资者主卖拥挤交易行为指标对个股价格波动的横截面效应，具体的回归模型
如下所示：

$$\ln(VOL_{i,t}) = \beta_t + \beta_{SC,t} C_{i,t-1}^{S} + \varepsilon_{i,t} \tag{3-15}$$

$$\ln(VOL_{i,t}) = \beta_t + \beta_{SC,t} C_{i,t-1}^{S} + \beta_{Rirf,t} Rirf_{i,t-1} + \varepsilon_{i,t} \tag{3-16}$$

$$\ln(VOL_{i,t}) = \beta_t + \beta_{SC,t} C_{i,t-1}^{S} + \beta_{VOL,t} \ln(VOL_{i,t-1}) + \varepsilon_{i,t} \tag{3-17}$$

$$\ln(VOL_{i,t}) = \beta_t + \beta_{SC,t} C_{i,t-1}^{S} + \beta_{Rirf,t} Rirf_{i,t-1} + \beta_{VOL,t} \ln(VOL_{i,t-1}) + \varepsilon_{i,t} \tag{3-18}$$

其中，$C_{i,t-1}^{S}$ 为股票 i 在第 t 个月的投资者主卖拥挤交易行为。类似地，为了检
验上述式（3-15）~ 式（3-18）所含变量的平稳性，本小节使用 ADF-Fisher 检
验方法对所有变量进行了检验，结果显示所有变量均可通过 ADF-Fisher 检验，
即所有变量均是平稳的。

表3-3中的 Panel B 报告了滞后的个股投资者主卖拥挤交易行为指标对个
股价格波动的横截面效应。式（3-15）首先在不考虑任何控制变量影响的情况
下对个股投资者主卖拥挤交易行为指标的滞后值与个股价格波动之间的关系展
开了研究，结果表明，个股投资者主卖拥挤交易行为指标的滞后值对个股价格
波动的影响是显著的，其系数为32.834 4，其 t 统计量为15.50。该实证结果说
明个股投资者主卖拥挤交易程度的增加会造成个股价格波动的增大，即主卖投
资者的力量越大，个股价格波动也会随之越大。同样地，类似于对个股投资者
分歧横截面效应及个股投资者主买拥挤交易行为横截面效应的研究，本书在接
下来的研究中将个股超额收益率指标的滞后值和个股价格波动指标的滞后值作
为控制变量考虑进来。在考虑个股超额收益率指标的滞后值的影响下，式（3-
16）分析了个股投资者主卖拥挤交易行为指标对个股价格波动的影响。式（3-

16）的实证结果显示，即使考虑了滞后的个股超额收益率指标的影响，个股投资者主卖拥挤交易行为指标的滞后值对个股价格波动的横截面效应依然是稳健的。具体地，滞后的个股投资者主卖拥挤交易行为指标的系数和 t 统计量分别是30.156 2和15.05。接着，在考虑滞后的个股价格波动指标的情形下，式（3-17）的实证结果说明个股价格波动与滞后的个股投资者主卖拥挤交易行为指标之间存在正向关系（13.5505，t 统计量 =14.53）。进一步地，式（3-18）在同时考虑滞后的个股超额收益率指标的影响和滞后的个股价格波动指标的影响的情况下，检验了滞后的个股投资者主卖拥挤交易行为对股票价格波动的横截面效应。其结论一致于上述的实证结论，即当个股投资者主卖拥挤交易行为指标增大时，个股价格波动也会随之增大（12.9414，t 统计量 =13.74）。基于上述实证结果可知，个股投资者主卖拥挤交易行为指标的滞后值对个股价格波动具有显著的正向影响，也就是说，主卖投资者的力量增加会导致个股价格波动随之增大。该实证结果也从侧面证明了当滞后的个股投资者分歧指标为负数时，个股价格波动与滞后的投资者分歧之间的关系是负向的这一结论。

综上所述，个股投资者分歧指标的滞后值对个股价格波动具有系统性影响，并且该影响是非线性的。具体地，当个股投资者分歧指标的滞后值为负数时，个股价格波动与滞后的个股投资者分歧指标之间呈显著的负向关系；当个股投资者分歧指标的滞后值为正数时，个股价格波动与滞后的个股投资者分歧指标之间呈显著的正向关系。

3.4 考虑公司规模的个股投资者分歧与个股价格波动

公司规模是影响股票价格波动的重要因素，公司规模相对较大的股票由于流通股规模较大，这一类股票不容易因为少量投资者的行为而产生价格波动。已有研究大多使用上市公司的流通市值指标度量公司规模，并且发现股票价格波动与公司规模之间确实存在负向关系（Sias，1996；刘建徽 等，2013；薛文忠，2012）。因此，本小节将在考虑公司规模的影响后，对个股投资者分歧指标的滞后值与个股价格波动的横截面效应进行研究，其具体研究方法如下所示：首先，类似于已有的研究，本小节使用股票的流通市值指标来度量该股票所对应上市公司的公司规模大小；接着，本小节以2005年4月至2016年3月的月度公司规模的平均值为依据，对我国股票市场中的2 441只A股进行从大到小的降序排列，并且从整体股票样本中剔除公司规模小于一定阈值的A股，即剔除后$p\%$的A股，特别地，本小节分别剔除了后30%的A股以及后70%的A股；最后，本小节对剔除了公司规模较小的股票的样本采用Fama-MacBeth横截面回归分析方法，在考虑了公司规模影响的情况下，检验个股投资者分歧指标的滞后值与个股价格波动之间的关系。根据此研究方法所得的实证结果如表3-4、表3-5、表3-6及表3-7所示。

表3-4　剔除30%小公司规模股票：个股投资者分歧与个股价格波动

变量	式（3-7）	式（3-8）	式（3-9）	式（3-10）
截距	−3.618 5 （−101.80）	−3.650 4 （−103.94）	−2.186 9 （−41.64）	−2.274 9 （−44.07）
$D_{i,t-1}^{C}$	−160.831 5 （−9.45）	−192.961 0 （−10.98）	−62.106 5 （−6.49）	−84.016 3 （−9.50）
$I_{i,t-1}$	0.067 6 （9.43）	0.046 2 （8.93）	0.015 7 （3.73）	0.007 8 （2.27）
$I_{i,t-1}D_{i,t-1}^{C}$	287.544 3 （11.32）	275.622 0 （11.93）	104.960 0 （8.23）	108.933 8 （9.33）
$Rirf_{i,t-1}$		0.424 3 （6.88）		0.206 3 （5.24）
$\ln(VOL_{i,t-1})$			0.388 0 （21.35）	0.370 5 （20.93）
平均调整 R^2	0.047 7	0.086 3	0.203 4	0.219 3
N	164 891	164 891	164 891	164 891

注：表格中的所有结果均经过 Newey-West 调整，圆括号内报告的是系数所对应的 t 统计量，N 为观测值。

表3-4报告了剔除公司规模后30%的股票（即30%小公司规模股票）后我国A股市场中个股投资者分歧指标的滞后值对个股价格波动的横截面影响。

在不考虑任何控制变量的影响时，滞后的个股投资者分歧指标与个股价格波动之间的关系并未受到剔除公司规模后30%股票的影响。具体地，在个股投资者分歧的滞后值为负数的状态下（$D_{i,t-1}^C < 0$），滞后的个股投资者分歧指标的因子载荷是负数（-160.831 5，t统计量=-9.45）；在个股投资者分歧的滞后值为正数的状态下（$D_{i,t-1}^C > 0$），滞后的个股投资者分歧指标的因子载荷则是正数（126.712 8，t统计量=10.03）；此外，这两种状态之间的差异是显著的，其系数是287.544 3（t统计量=11.32）。同样的，在分别引入滞后的个股超额收益率指标作为控制变量、滞后的个股价格波动指标作为控制变量以及滞后的个股超额收益率指标和滞后的个股价格波动指标共同作为控制变量的情况下，表3-4的实证结果显示滞后的个股投资者分歧指标对个股价格波动的影响仍然一致于之前的结论。总体来说，即使在剔除了公司规模后30%的股票后，滞后的个股投资者分歧与个股价格波动的横截面效应依然是稳健的。

　　表3-5描述了剔除公司规模后30%的股票后滞后的个股投资者拥挤交易行为指标与个股价格波动之间的关系，其中，表3-5的Panel A描述了剔除公司规模后30%的股票后滞后的个股投资者主买拥挤交易行为指标与个股价格波动之间的关系，而表3-5的Panel B则描述了剔除公司规模后30%的股票后滞后的个股投资者主卖拥挤交易行为指标与个股价格波动之间的关系。在表3-5的Panel A中，式（3-11）的实证结果展示了不包含任何控制变量情况下的个股投资者主买拥挤交易行为效应，个股投资者主买拥挤交易行为指标的滞后值与个股价格波动之间呈正相关关系，其相应的系数是35.423 2（t统计量=15.34）；在表3-5的Panel B中，式（3-15）的实证结果则展示了不包含任何控制变量情况下的个股投资者主卖拥挤交易行为效应，滞后的个股投资者主卖拥挤交易行为指标与个股价格波动之间也呈正相关关系，其相应的系数是36.629 1（t统计量=15.97）。类似地，在分别考虑个股超额收益率指标的滞后值的影响、个股价格波动指标的滞后值的影响以及个股超额收益率指标的滞后值和个股价格波动指标的滞后值的共同影响的情形下，表3-5的实证结果揭示了与上述结论一致的结论，即个股投资者主买拥挤交易行为指标

的滞后值与个股投资者主卖拥挤交易行为指标的滞后值对个股价格波动均具有显著的正向影响。由此可知，在剔除了公司规模后30%的股票后，滞后的个股投资者主买拥挤交易行为与个股价格波动的横截面效应以及滞后的个股投资者主卖拥挤交易行为与个股价格波动的横截面效应仍然是稳健的，也进一步侧面验证了滞后的个股投资者分歧指标对个股价格波动的非线性影响。

表3-5　剔除30%小公司规模股票：个股投资者拥挤交易行为与个股价格波动

Panel A：个股投资者主买拥挤交易行为对个股价格波动的影响				
变量	式（3-11）	式（3-12）	式（3-13）	式（3-14）
截距	-3.6679 （-101.65）	-3.6905 （-105.57）	-2.3455 （-47.97）	-2.4183 （-50.26）
$C_{i,t-1}^{B}$	35.4232 （15.34）	31.9755 （14.62）	13.9671 （14.67）	12.8267 （13.13）
$Rirf_{i,t-1}$		0.2298 （4.60）		0.1277 （3.35）
$\ln\left(VOL_{i,t-1}\right)$			0.3505 （20.73）	0.3360 （20.21）
平均调整 R^2	0.0992	0.1293	0.2066	0.2230
N	164 891	164 891	164 891	164 891
Panel B：个股投资者主卖拥挤交易行为对个股价格波动的影响				
变量	式（3-15）	式（3-16）	式（3-17）	式（3-18）
截距	-3.6743 （-101.32）	-3.6971 （-105.40）	-2.3457 （-48.55）	-2.4306 （-50.48）
$C_{i,t-1}^{S}$	36.6291 （15.97）	33.2873 （15.49）	14.6534 （14.67）	13.8514 （13.64）
$Rirf_{i,t-1}$		0.2790 （5.52）		0.1469 （3.86）
$\ln\left(VOL_{i,t-1}\right)$			0.3512 （20.92）	0.3339 （20.18）
平均调整 R^2	0.0991	0.1318	0.2073	0.2241
N	164 891	164 891	164 891	164 891

注：表格中的所有结果均经过 Newey-West 调整，圆括号内报告的是系数所对应的 t 统计量，N 为观测值。

　　表3-6刻画了剔除公司规模后70%的股票（即70%小公司规模股票）后我国股票市场中个股价格波动与个股投资者分歧指标的滞后值之间的关系。式（3-7）的实证结果描述了不包含任何控制变量情况下个股投资者分歧指标对个股价格波动的影响。具体地，在剔除了公司规模后70%的股票后，个股投资者分歧指标的滞后值仍然对个股价格波动具有显著的非线性影响：当个股投资者分歧指标的滞后值为负数时（ $D_{i,t-1}^{C}<0$ ），个股价格波动与滞后的个股投资者分歧指标之间呈负相关关系（-221.683 8， t 统计量 =-10.06）；当个股投资者分歧指标的滞后值为正数时（ $D_{i,t-1}^{C}>0$ ），个股价格波动与滞后的个股投资者分歧指标之间则呈正相关关系（188.648 9， t 统计量 =9.10）；并且，个股价格波动与滞后的个股投资者分歧指标之间的关系在两种不同状态下的差异是显著的（410.332 7， t 统计量 =10.96）。此外，在分别考虑滞后的个股超额收益率指标的影响、滞后的个股价格波动指标的影响以及滞后的个股超额收益率指标和滞后的个股价格波动指标的共同影响后，表3-6的实证结果表明了与上述

表3-6　剔除70%小公司规模股票：个股投资者分歧与个股价格波动

变量	式（3-7）	式（3-8）	式（3-9）	式（3-10）
截距	-3.652 7 （-100.63）	-3.685 8 （-103.34）	-2.024 8 （-31.60）	-2.096 8 （-32.98）
$D_{i,t-1}^{C}$	-221.683 8 （-10.06）	-251.357 1 （-11.23）	-90.918 6 （-7.43）	-106.622 3 （-9.37）
$I_{i,t-1}$	0.067 5 （8.74）	0.048 9 （7.97）	0.014 0 （3.07）	0.008 3 （2.19）
$I_{i,t-1}D_{i,t-1}^{C}$	410.332 7 （10.96）	383.179 8 （11.34）	139.837 1 （9.18）	135.717 3 （9.28）
$Rirf_{i,t-1}$		0.407 4 （6.10）		0.152 6 （3.49）
$\ln(VOL_{i,t-1})$			0.438 9 （20.93）	0.425 6 （20.59）
平均调整 R^2	0.059 6	0.101 1	0.250 4	0.268 5
N	73 584	73 584	73 584	73 584

　　注：表格中的所有结果均经过 Newey-West 调整，圆括号内报告的是系数所对应的 t 统计量，N 为观测值。

结果一致的结论，即滞后的个股投资者分歧对个股价格波动的影响是显著的并且是非线性的。因此，在剔除了公司规模后70%的股票后，个股投资者分歧指标的滞后值与个股价格波动的横截面效应依然是稳健的。

表3-7报告了剔除公司规模后70%的股票后对式（3-11）至式（3-18）进行回归分析后所得的系数、t统计量和平均拟合优度，其中，表3-7的 Panel A 报告了滞后的个股投资者主买拥挤交易行为对个股价格波动的影响，而表3-7

表3-7　剔除70%小公司规模股票：个股投资者拥挤交易行为与个股价格波动

Panel A：个股投资者主买拥挤交易行为对个股价格波动的影响				
变量	式（3-11）	式（3-12）	式（3-13）	式（3-14）
截距	-3.698 9 （-98.55）	-3.723 7 （-102.60）	-2.154 0 （-34.90）	-2.214 6 （-36.11）
$C_{i,t-1}^{B}$	41.384 1 （13.42）	37.201 2 （12.95）	13.859 3 （13.17）	12.580 4 （12.46）
$Rirf_{i,t-1}$		0.226 8 （4.12）		0.082 9 （1.97）
$\ln\left(VOL_{i,t-1}\right)$			0.408 3 （20.29）	0.397 3 （19.92）
平均调整 R^2	0.107 0	0.141 5	0.249 5	0.269 0
N	73 584	73 584	73 584	73 584
Panel B：个股投资者主卖拥挤交易行为对个股价格波动的影响				
变量	式（3-15）	式（3-16）	式（3-17）	式（3-18）
截距	-3.704 7 （-97.95）	-3.729 7 （-102.14）	-2.154 8 （-35.41）	-2.224 5 （-36.44）
$C_{i,t-1}^{S}$	42.711 8 （13.67）	38.551 5 （13.31）	14.523 1 （12.68）	13.477 4 （12.21）
$Rirf_{i,t-1}$		0.275 4 （4.94）		0.098 2 （2.34）
$\ln\left(VOL_{i,t-1}\right)$			0.408 7 （20.52）	0.395 6 （19.96）
平均调整 R^2	0.106 9	0.144 0	0.250 0	0.269 8
N	73 584	73 584	73 584	73 584

注：表格中的所有结果均经过 Newey-West 调整，圆括号内报告的是系数所对应的 t 统计量，N 为观测值。

的 Panel B 报告了滞后的个股投资者主卖拥挤交易行为对个股价格波动的影响。在不考虑任何控制变量影响的情形下，滞后的个股投资者主买拥挤交易行为对个股价格波动的横截面影响以及滞后的个股投资者主卖拥挤交易行为对个股价格波动的横截面影响并未受到剔除公司规模后70%股票的影响。表3-7的 Panel A 中，式（3-11）的实证结果显示个股投资者主买拥挤交易行为指标的滞后值对个股价格波动的影响是显著为正的，其系数是41.384 1，其相应的 t 统计量是13.42；同样的，表3-7的 Panel B 中，式（3-15）的实证结果表明个股投资者主卖拥挤交易行为指标的滞后值对个股价格波动的影响也是显著为正的，其系数是42.711 8，其相应的 t 统计量是13.67。表3-7在分别加入个股超额收益率指标的滞后值作为控制变量、个股价格波动指标的滞后值作为控制变量以及个股超额收益率指标的滞后值和个股价格波动指标的滞后值共同作为控制变量的情况下，其实证结果依然是稳健的。基于上述实证结果可知，即使在剔除了公司规模后70%的股票后，滞后的个股投资者主买拥挤交易行为指标对个股价格波动的影响仍然一致于之前的结论，个股投资者主卖拥挤交易行为指标的滞后值对个股价格波动的影响也仍然一致于之前的结论，从而侧面验证了个股投资者分歧对个股价格波动的非线性影响。

综上所述，在考虑了公司规模的影响后，个股投资者分歧指标的滞后值与个股价格波动的横截面效应依然一致于之前的结论。

3.5　考虑发行年限的个股投资者分歧与个股价格波动

股票发行年限对股票价格波动有着重要的影响，通常来讲，股票发行年限越长，股票价格波动越小，可能的原因如下：当股票发行年限较长时，其公司一般具有相对成熟的管理运作水平、相对稳健的内部控制以及相对良好的财务状况，由于其经营状况较为稳定，所以其所对应的股票的价格不会产生大幅度的波动。已有研究大多将股票发行年限定义为公司从上市到数据截取时点的年数（Brandt et al.，2010；Ferreira et al.，2007；Song，2016）。基于此，本小节将在考虑股票发行年限的影响后，对个股价格波动与滞后的个股投资者分歧指标之间的关系展开分析。具体的分析方法如下：首先，一致于已有的研究，本小节将公司从上市到数据截取时点的年数定义为股票发行年限；接着，本小节根据2016年3月的股票发行年限指标对股票样本中的2 441只A股进行降序排列，即股票发行年限越短的股票其排位越靠后，并从2 441只A股中剔除股票发行年限小于一定阈值的A股，也就是剔除后 p% 的A股，在本小节的研究中，本书分别剔除了股票发行年限后30%的A股以及股票发行年限后70%的A股；最后，本小节对剔除了股票发行年限较短的股票的样本使用Fama-MacBeth横截面回归分析方法，即在考虑了股票发行年限影响的情况下，研究滞后的个股投资者分歧与个股价格波动的横截面效应。表3-8、表3-9、表3-10以及表3-11报告了根据上述分析方法所得的实证结果。

表3-8描述了剔除发行年限后30%（即30%短发行年限）的股票后我国A股市场中个股投资者分歧指标的滞后值与个股价格波动之间的关系。在分别考虑不包含任何控制变量的影响、滞后的个股超额收益率指标的影响、滞后的个股价格波动指标的影响以及滞后的个股超额收益率指标和滞后的个股价格波动指标的共同影响后，表3-8的实证结果表明了与上述结果一致的结论，即个股投资者分歧指标的滞后值对个股价格波动的影响是显著的并且是非线性的。比如，式（3-10）的实证结果描述了包含滞后的个股超额收益率指标和滞后的个股价格波动指标的情况下个股投资者分歧指标对个股价格波动的影响。具体地，在剔除了发行年限后30%的股票后，滞后的个股投资者分歧指标仍然对个股价格波动具有显著的非线性影响：当滞后的个股投资者分歧指标为负数时（ $D_{i,t-1}^{C} < 0$ ），个股价格波动与滞后的个股投资者分歧指标之间呈负相关关系（-82.665 2， t 统计量 =-8.94）；当滞后的个股投资者分歧指标为正数时（ $D_{i,t-1}^{C} > 0$ ），个股价格波动与滞后的个股投资者分歧指标之间则呈正相关关系（19.865 6， t 统计量 =3.79）；此外，个股价格波动与个股投资者分歧指标的滞后值之间的关系在两种不同状态下的差异是显著的（102.530 7， t 统计量 =8.77）。因此，在剔除了

发行年限后30%的股票后，滞后的个股投资者分歧指标与个股价格波动的横截面效应依然是稳健的。

表3-8　剔除30%短发行年限股票：个股投资者分歧与个股价格波动

变量	式（3-7）	式（3-8）	式（3-9）	式（3-10）
截距	−3.623 6 （−98.57）	−3.656 3 （−100.11）	−2.261 2 （−46.16）	−2.348 8 （−47.96）
$D_{i,t-1}^{C}$	−161.039 3 （−8.46）	−205.851 6 （−10.13）	−54.856 3 （−5.27）	−82.665 2 （−8.94）
$I_{i,t-1}$	0.071 0 （10.38）	0.051 2 （9.97）	0.017 9 （4.53）	0.010 2 （3.24）
$I_{i,t-1}D_{i,t-1}^{C}$	260.874 7 （10.76）	271.468 8 （11.25）	89.200 1 （6.88）	102.530 7 （8.77）
$Rirf_{i,t-1}$		0.429 5 （7.22）		0.216 5 （5.49）
$\ln\left(VOL_{i,t-1}\right)$			0.368 4 （21.33）	0.351 2 （20.78）
平均调整 R^2	0.041 8	0.077 1	0.182 3	0.197 4
N	196 010	196 010	196 010	196 010

注：表格中的所有结果均经过 Newey-West 调整，圆括号内报告的是系数所对应的 t 统计量，N 为观测值。

表3-9刻画了剔除发行年限后30%的股票后滞后的个股投资者拥挤交易行为对个股价格波动的影响，其中，表3-9的 Panel A 刻画了个股投资者主买拥挤交易行为的滞后值对个股价格波动的影响，而 Panel B 刻画了个股投资者主卖拥挤交易行为的滞后值对个股价格波动的影响。表3-9在不加入任何控制变量以及分别加入个股超额收益率指标的滞后值作为控制变量、个股价格波动指标的滞后值作为控制变量、个股超额收益率指标的滞后值和个股价格波动指标的滞后值共同作为控制变量的情况下，其实证结果依然是稳健的。比如，在考虑个股超额收益率指标的滞后值和个股价格波动指标的滞后值共同影响的情形下，个股投资者主买拥挤交易行为的滞后值对个股价格波动的横截面影响以及个股投资者主卖拥挤交易行为的滞后值对个股价格波动的横截面影响并未受到剔除发行年限后30%股票的影响。表3-9的 Panel A 中，式（3-14）的实证结果

显示滞后的个股投资者主买拥挤交易行为指标对个股价格波动的影响是显著为正的，其系数是13.793 7，其相应的 t 统计量是12.79；同样的，表3-9的 Panel B 中，式（3-18）的实证结果表明滞后的个股投资者主卖拥挤交易行为指标对个股价格波动的影响也是显著为正的，其系数是15.400 1，其相应的 t 统计量是13.51。由此可知，即使在剔除了发行年限后30%的股票后，个股投资者主买拥挤交易行为指标的滞后值对个股价格波动的影响仍然一致于之前的结论，

表3-9　剔除30%短发行年限股票：个股投资者拥挤交易行为与个股价格波动

Panel A：个股投资者主买拥挤交易行为对个股价格波动的影响				
变量	式（3-11）	式（3-12）	式（3-13）	式（3-14）
截距	−3.673 1 （−98.86）	−3.696 2 （−102.92）	−2.430 2 （−52.82）	−2.502 3 （−54.87）
$C_{i,t-1}^{B}$	36.343 3 （14.25）	33.308 8 （13.66）	14.814 4 （13.72）	13.793 7 （12.79）
$Rirf_{i,t-1}$		0.221 7 （4.55）		0.132 4 （3.45）
$\ln(VOL_{i,t-1})$			0.329 2 （20.65）	0.314 7 （20.04）
平均调整 R^2	0.091 7	0.119 9	0.186 0	0.201 9
N	196 010	196 010	196 010	196 010
Panel B：个股投资者主卖拥挤交易行为对个股价格波动的影响				
变量	式（3-15）	式（3-16）	式（3-17）	式（3-18）
截距	−3.682 0 （−98.32）	−3.705 0 （−102.48）	−2.437 0 （−54.12）	−2.521 5 （−55.47）
$C_{i,t-1}^{S}$	38.758 8 （14.55）	35.723 9 （14.12）	16.100 7 （14.18）	15.400 1 （13.51）
$Rirf_{i,t-1}$		0.268 5 （5.45）		0.152 8 （3.98）
$\ln(VOL_{i,t-1})$			0.328 5 （20.90）	0.311 1 （20.03）
平均调整 R^2	0.093 3	0.123 8	0.186 7	0.203 2
N	196 010	196 010	196 010	196 010

注：表格中的所有结果均经过 Newey-West 调整，圆括号内报告的是系数所对应的 t 统计量，N 为观测值。

滞后的个股投资者主卖拥挤交易行为指标对个股价格波动的影响也仍然一致于之前的结论，也进一步侧面验证了个股投资者分歧指标的滞后值对个股价格波动的非线性影响。

表3-10报告了剔除发行年限后70%（即70%短发行年限）的股票后我国股票市场中滞后的个股投资者分歧指标对个股价格波动的横截面影响。在不引入任何控制变量以及分别引入滞后的个股超额收益率指标作为控制变量、滞后的个股价格波动指标作为控制变量、滞后的个股超额收益率指标和滞后的个股价格波动指标共同作为控制变量的情况下，表3-10的实证结果显示个股投资者分歧指标的滞后值对个股价格波动的影响仍然一致于之前的结论。举例来说，在考虑滞后的个股超额收益率指标和滞后的个股价格波动指标的共同影响时，个股投资者分歧指标的滞后值与个股价格波动之间的关系并未受到剔除发行年限后70%股票的影响。具体地，在滞后的个股投资者分歧为负数的状态下（$D_{i,t-1}^{C}$<0），个股投资者分歧指标的因子载荷是负数（-108.293 4，t 统计量 =-9.08）；

表3-10　剔除70% 短发行年限股票：个股投资者分歧与个股价格波动

变量	式（3-7）	式（3-8）	式（3-9）	式（3-10）
截距	-3.617 9 （-96.86）	-3.648 1 （-97.12）	-2.396 3 （-47.63）	-2.473 0 （-50.13）
$D_{i,t-1}^{C}$	-171.849 3 （-8.78）	-220.611 2 （-10.60）	-78.436 9 （-6.08）	-108.293 4 （-9.08）
$I_{i,t-1}$	0.069 5 （9.49）	0.051 9 （8.81）	0.022 2 （5.10）	0.015 2 （3.97）
$I_{i,t-1}D_{i,t-1}^{C}$	266.032 4 （10.47）	283.779 4 （11.10）	108.156 0 （6.72）	125.646 1 （8.49）
$Rirf_{i,t-1}$		0.391 7 （7.11）		0.200 1 （5.15）
$\ln\left(VOL_{i,t-1}\right)$			0.330 6 （19.01）	0.316 1 （18.83）
平均调整 R^2	0.040 9	0.072 6	0.161 2	0.176 4
N	89 334	89 334	89 334	89 334

注：表格中的所有结果均经过 Newey-West 调整，圆括号内报告的是系数所对应的 t 统计量，N 为观测值。

在滞后的个股投资者分歧为正数的状态下（ $D_{i,t-1}^{C} > 0$ ），个股投资者分歧指标的因子载荷则是正数（ 17.352 7， t 统计量 =2.64 ）；特别地，这两种不同状态之间的差异是显著为正的，其系数是125.646 1（ t 统计量 =8.49 ）。总体来说，即使在剔除了发行年限后70% 的股票后，个股投资者分歧的滞后值与个股价格波动的横截面效应依然是稳健的。

表3-11刻画了剔除发行年限后70% 的股票后个股投资者拥挤交易行为指标的滞后值与个股价格波动之间的关系，其中，表3-11的 Panel A 刻画了剔除发行年限后70% 的股票后个股投资者主买拥挤交易行为指标的滞后值与个股价格波动之间的关系，而表3-11的 Panel B 则刻画了剔除发行年限后70% 的股票后个股投资者主卖拥挤交易行为指标的滞后值与个股价格波动之间的关系。在不考虑任何控制变量的影响以及分别考虑个股超额收益率指标的滞后值的影响、个股价格波动指标的滞后值的影响、个股超额收益率指标的滞后值和个股价格波动指标的滞后值的共同影响的情形下，表3-11的实证结果揭示了与上述结论一致的结论，即滞后的个股投资者主买拥挤交易行为指标与滞后的个股投资者主卖拥挤交易行为指标对个股价格波动均具有显著的正向影响。例如，在表3-11的 Panel A 中，式（3-14）的实证结果展示了包含个股超额收益率指标的滞后值和个股价格波动指标的滞后值的情况下的个股投资者主买拥挤交易行为效应，滞后的个股投资者主买拥挤交易行为指标与个股价格波动之间呈正相关关系，其相应的系数是14.886 7（ t 统计量 =12.27 ）；在表3-11的 Panel B 中，式（3-18）的实证结果则展示了包含个股超额收益率指标的滞后值和个股价格波动指标的滞后值的情况下的个股投资者主卖拥挤交易行为效应，个股投资者主卖拥挤交易行为指标的滞后值与个股价格波动之间也呈正相关关系，其相应的系数是16.690 0（ t 统计量 =13.01 ）。基于上述实证结果可知，在剔除了发行年限后70% 的股票后，个股投资者主买拥挤交易行为的滞后值与个股价格波动的横截面效应以及个股投资者主卖拥挤交易行为的滞后值与个股价格波动的横截面效应仍然是稳健的，从而侧面验证了个股投资者分歧指标对个股价格波

动的非线性影响。

表3-11　剔除70%短发行年限股票：个股投资者拥挤交易行为与个股价格波动

Panel A：个股投资者主买拥挤交易行为对个股价格波动的影响				
变量	式（3-11）	式（3-12）	式（3-13）	式（3-14）
截距	−3.661 4 （−96.72）	−3.682 8 （−99.88）	−2.570 9 （−52.12）	−2.633 2 （−55.13）
$C_{i,t-1}^{B}$	34.806 3 （13.24）	31.892 2 （12.64）	15.811 5 （13.14）	14.886 7 （12.27）
$Rirf_{i,t-1}$		0.2061 （4.32）		0.111 3 （2.90）
$\ln\left(VOL_{i,t-1}\right)$			0.289 6 （17.78）	0.277 7 （17.70）
平均调整 R^2	0.083 6	0.110 6	0.164 7	0.180 9
N	89 334	89 334	89 334	89 334

Panel B：个股投资者主卖拥挤交易行为对个股价格波动的影响				
变量	式（3-15）	式（3-16）	式（3-17）	式（3-18）
截距	−3.670 2 （−96.49）	−3.691 1 （−99.74）	−2.578 4 （−53.13）	−2.652 4 （−55.57）
$C_{i,t-1}^{S}$	37.301 7 （13.48）	34.315 2 （13.08）	17.377 5 （13.59）	16.690 0 （13.01）
$Rirf_{i,t-1}$		0.248 6 （5.18）		0.132 9 （3.46）
$\ln\left(VOL_{i,t-1}\right)$			0.288 9 （17.90）	0.274 1 （17.61）
平均调整 R^2	0.084 9	0.114 0	0.165 4	0.182 3
N	89 334	89 334	89 334	89 334

注：表格中的所有结果均经过 Newey-West 调整，圆括号内报告的是系数所对应的 t 统计量，N 为观测值。

综上所述，在考虑了股票发行年限的影响后，滞后的个股投资者分歧指标与个股价格波动之间的关系依然是稳健的。

3.6　考虑机构持有权的个股投资者分歧与个股价格波动

关于机构投资者和股票价格波动间关系的研究一直是金融学研究中的热点问题，然而，学者们在机构投资者对股票价格波动的影响这个问题上，其看法并不统一，认为机构投资者会扩大股票价格波动的观点（Falkenstein，1996；Froot et al.，1992；Scharfstein et al.，1990）和机构投资者会减小股票价格波动的观点（Badrinath et al.，1989；Faugere et al.，2003；Gompers et al.，2001）都存在。其中，学界的大部分学者认为机构投资者的存在会促进股票市场稳定并减小股票价格的波动性：学者们认为个人投资者是噪音交易者，而机构投资者是相对理性的交易者，因此，当个人投资者的非理性行为导致股票市场中的价格偏离其内在价值时，机构投资者基于利润驱动采取套利交易，从而使股票价格回归其内在价值。由此，本小节将在考虑机构持有权的影响后检验滞后的个股投资者分歧指标对个股价格波动的影响，其具体检验方法如下所示。首先，因为个股机构持有权只有季度数据，所以根据已有研究的处理方式，本小节通过季度个股机构持有权数据算出经过调整后的月度个股机构持有权数据，即经过调整后的月度个股机构持有权数据中的当月的月度个股机构持有权数据等于离该月最近的季度所对应的季度个股机构持有权数据；紧接着，依据2005年4月至2016年3月的经过调整后的月度个股机构持有权的平均值，本小节对我国 A 股市场中的2 441只 A 股采取从大到小的降序排列，即个股机构持有权越小的股票的排位越靠后，并从整体股票样本中剔除机构持有权小于一定阈值的股票样本，也就是剔除后 $p\%$ 的股票样本，此处，本小节分别剔除了机构持有权后30% 的 A 股和机构持有权后70% 的 A 股；最后，对剔除了机构持有权后30% 的股票样本和剔除了机构持有权后70% 的股票样本，本小节分别采用 Fama-MacBeth 横截面回归分析方法进行研究，即研究在考虑了机构持有权影响的情况下个股投资者分歧的滞后值对个股价格波动的横截面影响。具体的研究结果由表3-12、表3-13、表3-14以及表3-15可知。

表3-12描述了剔除机构持有权后30%（即30% 低机构持有权）的股票后我国股票市场中个股投资者分歧指标的滞后值对个股价格波动的横截面影响。式（3-7）的实证结果描述了不包含任何控制变量情况下滞后的个股投资者分歧指标对个股价格波动的影响。具体地，在剔除了机构持有权后30% 的股票后，滞后的个股投资者分歧指标仍然对个股价格波动具有显著的非线性影响：当滞后的个股投资者分歧指标为负数时（ $D_{i,t-1}^{C}<0$ ），个股投资者分歧指标的滞后值与个股价格波动之间为负相关关系（–155.926 1，t 统计量 =–9.01）；当滞后的个股投资者分歧指标为正数时（ $D_{i,t-1}^{C}>0$ ），个股投资者分歧指标的滞后值与个股价格波动之间则为正相关关系（105.715 6，t 统计量 =11.07）；并且，个股投资者分歧指标的滞后值与个股价格波动之间的关系在两种不同状态下的差异是显著的（261.641 7，t 统计量 =11.98）。同样，在分别引入个股超额收益率指标的滞后值作为控制变量、个股价格波动指标的滞后值作为控制变量以及个股超额收益率指标的滞后值和个股价格波动指标的滞后值共同作为控制变量的

表3-12 剔除30% 低机构持有权股票：个股投资者分歧与个股价格波动

变量	式（3-7）	式（3-8）	式（3-9）	式（3-10）
截距	−3.624 7 （−99.37）	−3.657 8 （−101.26）	−2.208 0 （−43.99）	−2.300 2 （−46.00）
$D_{i,t-1}^{C}$	−155.926 1 （−9.01）	−191.556 5 （−10.87）	−58.764 2 （−5.48）	−82.745 4 （−8.73）
$I_{i,t-1}$	0.068 1 （9.53）	0.046 8 （9.15）	0.016 6 （4.11）	0.009 0 （2.81）
$I_{i,t-1}D_{i,t-1}^{C}$	261.641 7 （11.98）	263.016 3 （12.38）	92.920 4 （7.20）	103.269 3 （8.79）
$Rirf_{i,t-1}$		0.444 6 （7.06）		0.218 8 （5.30）
$\ln\left(VOL_{i,t-1}\right)$			0.383 0 （21.70）	0.364 7 （21.14）
平均调整 R^2	0.045 0	0.084 0	0.195 8	0.211 8
N	177 154	177 154	177 154	177 154

注：表格中的所有结果均经过 Newey-West 调整，圆括号内报告的是系数所对应的 t 统计量，N 为观测值。

情况下，表3-12的实证结果显示个股投资者分歧指标的滞后值对个股价格波动的影响仍然一致于之前的结论。因此，在剔除了机构持有权后30%的股票后，个股投资者分歧指标与个股价格波动的横截面效应依然是稳健的。

表3-13刻画了剔除机构持有权后30%的股票后对式（3-11）至式（3-18）进行回归分析后所得的系数、t统计量和平均拟合优度，其中，表3-13的Panel

表3-13　剔除30%低机构持有权股票：个股投资者拥挤交易行为与个股价格波动

Panel A：个股投资者主买拥挤交易行为对个股价格波动的影响				
变量	式（3-11）	式（3-12）	式（3-13）	式（3-14）
截距	−3.678 2 （−101.82）	−3.702 3 （−105.50）	−2.367 7 （−49.83）	−2.445 0 （−52.10）
$C_{i,t-1}^{B}$	37.083 6 （17.19）	33.922 2 （15.74）	14.196 4 （13.33）	13.245 4 （11.57）
$Rirf_{i,t-1}$		0.243 3 （4.63）		0.136 0 （3.38）
$\ln(VOL_{i,t-1})$			0.345 8 （20.88）	0.330 3 （20.29）
平均调整 R^2	0.097 8	0.128 8	0.200 0	0.216 7
N	177 154	177 154	177 154	177 154
Panel B：个股投资者主卖拥挤交易行为对个股价格波动的影响				
变量	式（3-15）	式（3-16）	式（3-17）	式（3-18）
截距	−3.685 6 （−101.26）	−3.709 8 （−105.24）	−2.371 9 （−50.01）	−2.461 7 （−52.09）
$C_{i,t-1}^{S}$	39.090 6 （17.14）	35.993 4 （16.10）	15.625 7 （12.58）	14.983 5 （11.76）
$Rirf_{i,t-1}$		0.293 7 （5.57）		0.154 9 （3.88）
$\ln(VOL_{i,t-1})$			0.345 8 （20.99）	0.327 3 （20.20）
平均调整 R^2	0.098 0	0.131 5	0.200 9	0.218 0
N	177 154	177 154	177 154	177 154

注：表格中的所有结果均经过Newey-West调整，圆括号内报告的是系数所对应的t统计量，N为观测值。

A 刻画了个股投资者主买拥挤交易行为指标的滞后值对个股价格波动的影响，而表3-13的 Panel B 刻画了个股投资者主卖拥挤交易行为指标的滞后值对个股价格波动的影响。在表3-13的 Panel A 中，式（3-11）的实证结果展示了不包含任何控制变量情况下的个股投资者主买拥挤交易行为效应，个股价格波动与滞后的个股投资者主买拥挤交易行为指标之间呈正相关关系，其相应的系数是37.083 6（t 统计量 =17.19）；在表3-13的 Panel B 中，式（3-15）的实证结果则展示了不包含任何控制变量情况下的个股投资者主卖拥挤交易行为效应，个股价格波动与个股投资者主卖拥挤交易行为指标的滞后值之间也呈正相关关系，其相应的系数是39.090 6（t 统计量 =17.14）。表3-13在分别加入滞后的个股超额收益率指标作为控制变量、滞后的个股价格波动指标作为控制变量以及滞后的个股超额收益率指标和滞后的个股价格波动指标共同作为控制变量的情况下，其实证结果依然是稳健的。基于上述实证结果可知，即使在剔除了机构持有权后30%的股票后，个股投资者主买拥挤交易行为的滞后值对个股价格波动的影响仍然一致于之前的结论，滞后的个股投资者主卖拥挤交易行为对个股价格波动的影响也仍然一致于之前的结论，侧面验证了滞后的个股投资者分歧对个股价格波动的非线性影响。

表3-14报告了剔除机构持有权后70%（即70% 低机构持有权）的股票后我国 A 股市场中个股价格波动与滞后的个股投资者分歧指标之间的关系。在不考虑任何控制变量的影响时，个股投资者分歧指标的滞后值与个股价格波动之间的关系并未受到剔除机构持有权后70% 股票的影响。具体地，在滞后的个股投资者分歧为负数的状态下（$D_{i,t-1}^{C} < 0$），个股投资者分歧指标滞后值的因子载荷是负数（–222.981 6，t 统计量 =–11.36）；在滞后的个股投资者分歧为正数的状态下（$D_{i,t-1}^{C} > 0$），个股投资者分歧指标滞后值的因子载荷则是正数（152.387 9，t 统计量 =9.39）；此外，这两种不同状态之间的差异是显著的，其系数是375.369 5（t 统计量 =13.25）。进一步地，在分别考虑个股超额收益率指标滞后值的影响、个股价格波动指标滞后值的影响以及个股超额收益率指

标滞后值和个股价格波动指标滞后值的共同影响后，表3-14的实证结果表明了与上述结果一致的结论，即个股投资者分歧的滞后值对个股价格波动的影响是显著的并且是非线性的。总体来说，即使在剔除了机构持有权后70%的股票后，个股投资者分歧的滞后值与个股价格波动的横截面效应依然是稳健的。

表3-14　剔除70%低机构持有权股票：个股投资者分歧与个股价格波动

变量	式（3-7）	式（3-8）	式（3-9）	式（3-10）
截距	−3.665 6 （−99.71）	−3.701 2 （−101.92）	−2.048 1 （−33.32）	−2.140 5 （−35.18）
$D_{i,t-1}^C$	−222.981 6 （−11.36）	−252.772 4 （−13.41）	−89.026 0 （−6.86）	−107.230 0 （−9.59）
$I_{i,t-1}$	0.069 8 （8.62）	0.049 8 （7.39）	0.012 3 （2.37）	0.006 9 （1.48）
$I_{i,t-1}D_{i,t-1}^C$	375.369 5 （13.25）	358.041 5 （13.44）	135.358 4 （7.88）	135.970 6 （8.50）
$Rirf_{i,t-1}$		0.467 2 （6.49）		0.200 6 （4.30）
$\ln\left(VOL_{i,t-1}\right)$			0.434 6 （21.24）	0.416 3 （20.69）
平均调整 R^2	0.059 2	0.103 6	0.244 3	0.261 5
N	73 913	73 913	73 913	73 913

注：表格中的所有结果均经过Newey-West调整，圆括号内报告的是系数所对应的 t 统计量，N 为观测值。

表3-15描述了剔除机构持有权后70%的股票后个股价格波动与个股投资者拥挤交易行为指标的滞后值之间的关系，其中，表3-15的 Panel A 描述了剔除机构持有权后70%的股票后个股价格波动与个股投资者主买拥挤交易行为指标的滞后值之间的关系，而表3-15的 Panel B 则描述了剔除机构持有权后70%的股票后个股价格波动与个股投资者主卖拥挤交易行为指标的滞后值之间的关系。在不考虑任何控制变量影响的情形下，个股投资者主买拥挤交易行为的滞后值对个股价格波动的横截面影响以及个股投资者主卖拥挤交易行为的滞后值对个股价格波动的横截面影响并未受到剔除机构持有权后70%股票的

影响。表3-15的 Panel A 中，式（3-11）的实证结果显示滞后的个股投资者主买拥挤交易行为指标对个股价格波动的影响是显著为正的，其系数是43.544 1，其相应的 t 统计量是16.86；同样的，表3-15的 Panel B 中，式（3-15）的实证结果表明滞后的个股投资者主卖拥挤交易行为指标对个股价格波动的影响也是显著为正的，其系数是45.794 1，其相应的 t 统计量是16.77。类似地，在分别

表3-15　剔除70% 低机构持有权股票：个股投资者拥挤交易行为与个股价格波动

Panel A：个股投资者主买拥挤交易行为对个股价格波动的影响				
变量	式（3-11）	式（3-12）	式（3-13）	式（3-14）
截距	−3.717 4 （−99.71）	−3.743 2 （−103.55）	−2.196 0 （−35.98）	−2.275 2 （−38.10）
$C_{i,t-1}^{B}$	43.544 1 （16.86）	39.872 0 （15.50）	14.392 6 （11.29）	13.487 0 （10.08）
$Rirf_{i,t-1}$		0.231 2 （3.93）		0.108 7 （2.39）
$\ln(VOL_{i,t-1})$			0.399 7 （20.00）	0.383 6 （19.45）
平均调整 R^2	0.113 0	0.148 3	0.243 7	0.262 0
N	73 913	73 913	73 913	73 913
Panel B：个股投资者主卖拥挤交易行为对个股价格波动的影响				
变量	式（3-15）	式（3-16）	式（3-17）	式（3-18）
截距	−3.725 8 （−99.17）	−3.751 4 （−103.22）	−2.202 0 （−36.04）	−2.292 5 （−37.99）
$C_{i,t-1}^{S}$	45.794 1 （16.77）	42.090 3 （15.78）	15.914 2 （10.43）	15.252 6 （10.03）
$Rirf_{i,t-1}$		0.287 3 （4.88）		0.127 5 （2.83）
$\ln(VOL_{i,t-1})$			0.399 2 （20.04）	0.380 4 （19.27）
平均调整 R^2	0.113 6	0.151 3	0.244 7	0.263 2
N	73 913	73 913	73 913	73 913

注：表格中的所有结果均经过 Newey-West 调整，圆括号内报告的是系数所对应的 t 统计量，N 为观测值。

考虑滞后的个股超额收益率指标的影响、滞后的个股价格波动指标的影响以及滞后的个股超额收益率指标和滞后的个股价格波动指标的共同影响的情形下，表3-15的实证结果揭示了与上述结论一致的结论，即滞后的个股投资者主买拥挤交易行为与滞后的个股投资者主卖拥挤交易行为对个股价格波动均具有显著的正向影响。

由此可知，在剔除了机构持有权后70%的股票后，个股投资者主买拥挤交易行为指标的滞后值与个股价格波动的横截面效应以及个股投资者主卖拥挤交易行为指标的滞后值与个股价格波动的横截面效应仍然是稳健的，从而侧面验证了个股投资者分歧指标的滞后值对个股价格波动的非线性影响。

综上所述，在考虑了机构持有权的影响后，个股投资者分歧指标的滞后值对个股价格波动的影响仍然一致于之前的结论。

3.7　本章小结

本章以2005年4月至2016年3月2 441只 A 股的月度数据为样本，考察了个股投资者分歧对个股价格波动的影响。

首先，本章构建了股票层面的投资者主买拥挤交易行为指标和股票层面的投资者主卖拥挤交易行为指标用以度量股票层面的投资者拥挤交易行为，并进一步以个股投资者主买拥挤交易行为指标和个股投资者主卖拥挤交易行为指标为基础构建股票层面的投资者分歧指标即个股投资者分歧指标，以此作为本章的解释变量。其次，本章引入滞后的个股超额收益率指标和滞后的个股价格波动指标作为控制变量，研究在考虑了"杠杆效应"和股票价格波动持续性的情况下，个股投资者分歧的滞后值与个股价格波动之间的关系。结果表明，不管是否考虑个股超额收益率指标的滞后值和个股价格波动指标的滞后值对个股价格波动的影响，滞后的个股投资者分歧指标都对个股价格波动有着系统性影响，同时，这一影响是非线性的。特别地，在滞后的个股投资者分歧指标是负数的状态下，个股投资者分歧指标的滞后值与个股价格波动呈负相关关系；在滞后的个股投资者分歧指标是正数的状态下，个股投资者分歧指标的滞后值与个股价格波动则呈正相关关系；并且个股投资者分歧指标的滞后值与个股价格波动之间的关系在两种不同状态下的差异是显著的。接着，本章引入个股超额收益率指标的滞后值和个股价格波动指标的滞后值作为控制变量，进一步分别研究滞后的个股投资者主买拥挤交易行为指标和滞后的个股投资者主卖拥挤交易行为指标对个股价格波动的影响，从而侧面验证滞后的个股投资者分歧指标对个股价格波动的非线性影响。由实证结果可知，无论是否考虑滞后的个股超额收益率指标和滞后的个股价格波动指标对个股价格波动的影响，个股投资者主买拥挤交易行为指标的滞后值和个股投资者主卖拥挤交易行为指标的滞后值均对个股价格波动具有系统性影响。具体地，滞后的个股投资者主买拥挤交易行为指标对个股价格波动有着显著的正向影响，由此侧面验证了在个股投资者分歧指标的滞后值大于零的状态下，个股价格波动与滞后的个股投资者分歧指标之间是显著的正向关系这一结论；同样的，滞后的个股投资者主卖拥挤交易行为指标对个股价格波动有着显著的正向影响，由此侧面验证了在个股投资者分歧指标的滞后值小于零的状态下，个股价格波动与滞后的个股投资者分歧指标之间是显著的负向关系这一结论。最后，本章以已有结论为基础，进一步研究股票的不同特征（规模特征、发行年限特征以及机构持有特征）是否会影响滞后的个股投资者分歧与个股价格波动之间的关系。本章通过分别剔除一定比例的小规模股票、一定比例的发行年限较短的股票以及一定比例的低机构持有股票进行检验，发现在分别考虑了公司规模的影响、股票发行年限的影响以及机构持有权的影响后，个股价格波动与个股投资者分歧的滞后值之间的关系依然是稳健的。

第4章 投资者分歧与股票价格特质波动

4.1 引言

在上一章中，本书构建了股票层面的基于投资者拥挤交易行为的投资者分歧指标，并从个股投资者分歧角度刻画了投资者的非理性因素对股票价格波动的影响。进一步地，本章试图从个股层面研究投资者分歧对股票价格特质波动的影响。

CAPM 模型揭示投资者会面临系统性风险和非系统性风险这两种风险，并且其中的系统性风险无法因为分散投资而消除，而其中的非系统性风险是能够通过分散投资而消除的。但是，许多学者发现投资者在实际金融市场中并不会都持有完全分散风险的市场组合（Goetzmann et al.，2005a；Huberman，2001；Levy，1978），这一金融事实说明 CAPM 模型的理论假设是不合理的，从而进一步说明非系统性风险在实际投资中是不能充分分散的，即非系统性风险在实际投资中的作用是不能忽视的。较早针对非系统性风险做相关研究的是Campbell 等（2001）。他们发现，在美国股票市场中，股票价格波动（总体风险）在1962—1997年间有了很大提高，股票价格特质波动（非系统性风险）在这一时期也存在着显著性的上升趋势，而市场风险（系统性风险）在这一时期却保持相对平稳。此外，他们还指出，股票价格特质波动在股票价格总体波动当中占到了最大比例。这一关于股票价格特质波动的开创性文章说明，和股票的系统性风险一样，股票的非系统性风险是股票总体风险的重要组成部分，其在股票市场中的作用是十分重要的，同时，股票价格特质波动（IVOL）能较好地度量股票的非系统性风险。自此，股票价格特质波动的研究逐渐成为学术界研究的热点（Aabo et al., 2017 ; Brandt et al., 2010 ; Fink et al., 2010 ; Liu et al., 2018 ; Stambaugh et al., 2015 ）。

　　许多已有的研究试图分析股票价格特质波动的影响因素，这些研究可以被粗略地分为三类。在第一类研究中，学者们认为股票市场指数构成的变化是影响股票价格特质波动的重要因素（Brown et al., 2007 ; Fink et al., 2010 ）。比如，Fink 等（2010）发现因为大量的新创立公司在美国网络泡沫时期上市，由此改变了股票市场的公司构成；而新创立公司具有成立时间较短、现金流有较大的不确定性等特征，所以导致股票价格特质波动的增加。在第二类研究中，许多文献表明"公司变量"（corporate variables）是导致股票价格特质波动改变的重要原因（Cao et al., 2008 ; Guo et al., 2006a ; Irvine et al., 2009 ），这一类研究在探讨股票价格特质波动影响因素的研究中也占据着主流地位。例如，Irvine 等（2009）通过实证检验说明，公司资产回报率（ROA）的增加会导致股票价格特质波动的降低，而企业进入、退出比例的增加以及外资企业市场份额的增加则会导致股票价格特质波动的提高。在第三类研究中，学者们发现行为因子（behavioral variables）会对股票价格特质波动具有显著的影响（Bennett et al., 2003 ; Brandt et al., 2010 ; Xu et al., 2003 ）。特别地，Xu 等（2003）以及 Bennett 等（2003）认为机构投资者持股比例的增加会显著地增加股票价格特质波动；而 Brandt 等（2010）发现个人投资者在互联网泡沫时期的投机行为是导致股票价格特质波动暂时性增加的主要原因，同时，股票价格特质波动的提高主要集中在股票价格较低、股权较为分散的股票之中，即个人投资者的交易行为对股票价格特质波动有着显著的正向影响。由第三类关于股票价格特质波动影响因素的研究可知，从非理性因素的视角对股票价格特质波动的形成进行解释是相当重要的。

　　投资者分歧是一类十分重要的非理性因素，并且已有研究表明投资者分歧对资产价格波动有着显著的影响（Baker et al., 2016 ; Banerjee et al., 2010 ; Carlin et al., 2014 ; Daniel et al., 1998 ; Harrison et al., 1978 ; Hong et al.,

2003；Miller，1977；Scheinkman et al.，2003；Shalen，1993；Zapatero，1998）。然而，至今为止还没有学者从投资者分歧的角度对股票价格特质波动进行解释。因此，本章试图深入分析是否投资者分歧是股票价格特质波动的影响因素。为了研究这一问题，本章基于上一章所构建的个股投资者分歧指标，从个股层面对投资者分歧与股票价格特质波动之间的关系进行实证分析，并试图研究以下两个问题：第一，本章采用 Fama-MacBeth 横截面回归分析方法对个股投资者分歧指标的滞后值与个股价格特质波动的横截面效应进行检验，进一步地，本章同样使用 Fama-MacBeth 横截面回归分析方法分别研究了个股投资者主买拥挤交易行为指标的滞后值与个股价格特质波动的横截面效应以及个股投资者主卖拥挤交易行为指标的滞后值与个股价格特质波动的横截面效应，以此从侧面进一步验证滞后的个股投资者分歧指标对个股价格特质波动的非线性影响；第二，为了研究股票的不同特征（规模特征、发行年限特征以及机构持有特征）是否会影响个股价格特质波动与个股投资者分歧指标的滞后值之间的关系，本章在分别剔除了一定比例的小规模股票、一定比例的发行年限较短的股票以及一定比例的低机构持有股票后，进一步分析个股投资者分歧指标对个股价格特质波动的影响。

4.2　数据

4.2.1　个股价格特质波动

本章试图研究个股价格特质波动与个股投资者分歧指标之间的关系，因此，个股价格特质波动是一个关键的变量，本小节将主要介绍个股价格特质波动的度量方法。

非系统性风险在实际投资中是无法充分分散的，因此，其在实际股票市场中的作用是不可忽视的。类似于股票价格波动是描述股票风险的变量，学者们为了更加深入地研究股票非系统性风险，开始计算股票价格特质波动（IVOL）来测度股票的非系统性风险。股票价格特质波动并不能被观测得到，因此需要使用各种方法来估量它，一般来说，股票价格特质波动的估计方法可以分为以下四类。第一类股票价格特质波动的估计方法是以 CAPM、Fama-French 三因子模型等市场模型的回归残差序列的标准差来度量股票价格特质波动（Ang et al.，2006，2009；Bali et al.，2011；Stambaugh et al.，2015）；第二类股票价格特质波动的估计方法是以 EGARCH 模型估计 Fama-French 三因子模型残差的标准差来度量股票价格特质波动（Fu，2009；Huang et al.，2010）；第三类股票价格特质波动的估计方法是以 AR、ARMA、ARIMA 等自回归模型将已实现特质波动分解为预期与非预期两部分，以自回归模型的残差作为非预期特质波动，以已实现特质波动与非预期特质波动的差作为预期特质波动（Chua et al.，2010；Huang et al.，2010；邓雪春 等，2011）；不同于前三类股票价格特质波动的估计方法，第四类股票价格特质波动的估计方法是一种非参数估计方法，即利用个股收益与市场收益分离股票价格特质波动，并且在此基础上构建市场层面、行业层面和股票层面的特质波动（Bali et al.，2005；Campbell et al.，2001；Goyal et al.，2003）。其中，第一类股票价格特质波动的估计方法因为直接对股票已实现收益进行回归，因此也把得到的特质波动称为已实现特质波动。特别地，第一类股票价格特质波动估计方法中的以 Fama-French 三因子模型的回归残差序列的标准差来度量股票价格特质波动的方法是目前国内外实证研究中运用的最主要的方法。相较于其他的股票价格特质波动估计方法，这一股票价格特质波动估计方法的计算相对简单并且可以较为方便地加入控制变量对风险因素解释能力的稳健性进行检验，此外，还可以有效地避免一些文献中提到的因为利用不同分界点构建资产组合的方法所导致的结论差异的问题。

由此，本小节以个股月度内日超额收益率为被解释变量，以 Fama-French 三因子模型为回归模型，将回归所得的残差序列的标准差定义为个股价格特质波动。特别地，本小节类似于已有的有关于股票价格特质波动的研究，初步处理了计算个股价格特质波动的样本数据，剔除了月交易天数小于15天的样本，只保留了月交易天数大于或等于15天的样本。具体地，参照 Ang 等（2006，2009）以及 Stambaugh 等（2015）的算法，本小节利用股票 i 在第 t 个月的月内日度数据估计 Fama-French 三因子模型，以回归残差序列的标准差度量股票 i 在第 t 个月的股票价格特质波动。这也就是说，为了求得股票 i 在第 t 个月的股票价格特质波动，本小节首先做了以下回归：

$$Rirf_{i,\tau} = \alpha_i + \alpha_{i,MKT}MKT_\tau + \alpha_{i,SMB}SMB_\tau + \alpha_{i,HML}HML_\tau + \varepsilon_{i,\tau} \quad （4-1）$$

并且，

$$R_{i,\tau} = \ln\left(\frac{P_{i,\tau}}{P_{i,\tau-1}}\right) \quad （4-2）$$

$$Rirf_{i,\tau} = R_{i,\tau} - R_{f,\tau} \quad （4-3）$$

其中，α 为待估计参数，$Rirf_{i,\tau}$ 为股票 i 在第 t 个月的第 τ 天的日超额收益率（$\tau \in t$），MKT_τ 是第 t 个月的第 τ 天的市场超额收益率（$\tau \in t$），SMB_τ 是第 t 个月的第 τ 天的规模因子（$\tau \in t$），HML_τ 是第 t 个月的第 τ 天的账面市值比因子（$\tau \in t$），$\varepsilon_{i,\tau}$ 为残差，$P_{i,\tau}$ 为股票 i 在第 t 个月的第 τ 天的日收盘价（$\tau \in t$），$R_{i,\tau}$ 为股票 i 在第 t 个月的第 τ 天的日收益率（$\tau \in t$），$R_{f,\tau}$ 为第 t 个月的第 τ 天的日无风险收益率（$\tau \in t$）。接着，本小节将股票 i 在第 t 个月的股票价格特质波动 $IVOL_{i,t}$ 定义为：

$$IVOL_{i,t} = \sqrt{\frac{\sum_{\tau \in t}\left(\varepsilon_{i,\tau} - \overline{\varepsilon_{i,t}}\right)^2}{n_{i,t}}} \quad （4-4）$$

其中，$\overline{\varepsilon_{i,t}}$ 为股票 i 在第 t 个月的 $\varepsilon_{i,\tau}$ 的均值，$n_{i,t}$ 为股票 i 在第 t 个月的交易天数。

4.2.2　描述性统计

在将月交易数据小于30个月的股票样本剔除后，本小节同样选取了937只上证 A 股和1 504只深证 A 股共计2 441只 A 股作为股票样本，其研究期限是2005年4月至2016年3月，其数据频率是月度。具体地，本章使用个股收盘价（$P_{i,\tau}$）、无风险收益率（$R_{f,\tau}$）、市场超额收益率（MKT_τ）、规模因子（SMB_τ）和账面市值比因子（HML_τ）这五个变量计算出个股价格特质波动指标（$IVOL_{i,t}$），这五个变量的数据从 RESSET 数据库获取，其样本期是2005年4月1日至2016年3月31日，其样本的数据频率是日度。一致于第3章，本章使用个股主买交易量（$BV_{i,t}$）、个股主卖交易量（$SV_{i,t}$）和个股自由流通股股数（$SO_{i,t}$）这三个变量计算出个股投资者分歧指标（$D_{i,t}^C$）、个股投资者主买拥挤交易行为指标（$C_{i,t}^B$）和个股投资者主卖拥挤交易行为指标（$C_{i,t}^S$）；本章使用个股收盘价（$P_{i,t}$）和无风险收益率（$R_{f,\tau}$）这两个变量计算出个股超额收益率指标（$Rirf_{i,t}$）；这五个变量的数据从 RESSET 数据库获取，其样本期是2005年4月至2016年3月，其样本的数据频率是月度；特别地，其中所使用的个股主买交易量（$BV_{i,t}$）和个股主卖交易量（$SV_{i,t}$）是根据个股的分笔交易数据计算得到。同样的，在进一步考虑股票不同特征对个股投资者分歧与个股价格特质波动之间关系的影响时，本章所涉及的公司规模（$Size_{i,t}$）、公司年龄（$Age_{i,t}$）和个股机构持有权（$IO_{i,t}$）这三个变量的数据从 Wind 数据库获取，其样本期是2005年4月至2016年3月，其样本的数据频率是月度；其中，个股机构持有权（$IO_{i,t}$）变量的算法与第3章的算法一致。

本小节在对原始数据进行预处理后即将原始数据的空值剔除后，利用 Stata 软件统计了937只上证 A 股和1 504只深证 A 股共计2 441只 A 股的个股价格特质波动指标 $IVOL_{i,t}$、个股投资者分歧指标 $D_{i,t}^C$、个股投资者主买拥挤交易行为指标 $C_{i,t}^B$、个股投资者主卖拥挤交易行为指标 $C_{i,t}^S$ 和个股超额收益率指标 $Rirf_{i,t}$ 的基本统计特征，其具体结果如表4-1所示。

表4-1报告了个股价格特质波动研究中涉及的主要变量的描述性统计特征。个股价格特质波动指标 $IVOL_{i,t}$ 的均值为0.023 6，其标准差为0.035 8；个股投资者分歧指标 $D_{i,t-1}^C$ 的均值为0.000 0，其标准差为0.001 9；个股投资者主买拥挤交易行为指标 $C_{i,t-1}^B$ 的均值为0.003 7，其标准差为0.004 1；个股投资者主卖拥挤交易行为指标 $C_{i,t-1}^S$ 的均值为0.003 7，其标准差为0.003 4；个股超额收益率指标 $Rirf_{i,t-1}$ 的均值为0.008 6，其标准差为0.159 4。

表4-1 股票价格特质波动研究的描述性统计

变量	均值	标准差	最小值	中位数	最大值	偏度	峰度	观测值
$IVOL_{i,t}$	0.023 6	0.035 8	0.000 1	0.021 3	8.740 5	129.389 2	23 102.270 0	235 411
$D_{i,t-1}^{C}$	0.000 0	0.001 9	-0.019 7	-0.000 1	0.674 5	276.306 9	88 498.700 0	235 411
$C_{i,t-1}^{B}$	0.003 7	0.004 1	0.000 0	0.002 7	0.676 7	42.716 9	5 197.944 0	235 411
$C_{i,t-1}^{S}$	0.003 7	0.003 4	0.000 0	0.002 8	0.335 5	16.392 6	1 127.032 0	235 411
$Rirf_{i,t-1}$	0.008 6	0.159 4	-1.620 2	0.010 9	2.666 7	0.089 8	7.371 2	235 411

4.3 个股投资者分歧与个股价格特质波动的横截面效应

系列文献从行为金融视角对股票价格特质波动的影响因素展开了研究，这些研究说明非理性因素对股票价格特质波动具有重要的影响（Bennett et al.，2003；Brandt et al.，2010；Foucault et al.，2011；Lee et al.，2011；Xu et al.，2003；陈浪南 等，2014；陈浪南 等，2016）。在行为金融学中，投资者分歧是一种十分重要的非理性因素，然而现有文献并未从投资者分歧这一角度对股票价格特质波动展开分析。因此，本节拟使用第3章所构建的基于投资者拥挤交易行为的投资者分歧指标，从实证上检验投资者分歧指标对股票价格特质波动的影响。本小节采用 Fama-MacBeth 横截面回归分析方法检验我国 A 股市场中个股投资者分歧与个股价格特质波动的横截面效应，其具体回归模型如下所示：

$$\ln(IVOL_{i,t}) = \beta_t + \beta_{DC,t}D_{i,t-1}^{C} + \beta_{I,t}I_{i,t-1} + \beta_{IDC,t}I_{i,t-1}D_{i,t-1}^{C} + \varepsilon_{i,t} \quad (4\text{-}5)$$

$$\ln(IVOL_{i,t}) = \beta_t + \beta_{DC,t}D_{i,t-1}^{C} + \beta_{I,t}I_{i,t-1} + \beta_{IDC,t}I_{i,t-1}D_{i,t-1}^{C} + \beta_{Rirf,t}Rirf_{i,t-1} + \varepsilon_{i,t} \quad (4\text{-}6)$$

$$\ln(IVOL_{i,t}) = \beta_t + \beta_{DC,t}D_{i,t-1}^{C} + \beta_{I,t}I_{i,t-1} + \beta_{IDC,t}I_{i,t-1}D_{i,t-1}^{C} + \beta_{IVOL,t}\ln(IVOL_{i,t-1}) + \varepsilon_{i,t} \quad (4\text{-}7)$$

$$\ln(IVOL_{i,t}) = \beta_t + \beta_{DC,t}D_{i,t-1}^{C} + \beta_{I,t}I_{i,t-1} + \beta_{IDC,t}I_{i,t-1}D_{i,t-1}^{C} + \beta_{Rirf,t}Rirf_{i,t-1} \\ + \beta_{IVOL,t}\ln(IVOL_{i,t-1}) + \varepsilon_{i,t} \quad (4\text{-}8)$$

其中，$IVOL_{i,t}$ 为股票 i 在第 t 个月的股票价格特质波动，$D_{i,t-1}^{C}$ 为股票 i 在第 $t-1$ 个月的投资者分歧，$I_{i,t-1}$ 为股票 i 在第 $t-1$ 个月关于股票 i 的投资者分歧的虚拟变量（如果 $D_{i,t-1}^C \leqslant 0$，则 $I_{i,t-1}=0$；如果 $D_{i,t-1}^C > 0$，则 $I_{i,t-1}=1$），$Rirf_{i,t-1}$ 为股票 i 在第 $t-1$ 个月的月超额收益率，$\varepsilon_{i,t}$ 为残差。此外，为了检验上述式（4-5）至式（4-8）所含变量的平稳性，本小节使用 ADF-Fisher 检验方法对所有变量进行了检验，结果显示所有变量均可通过 ADF-Fisher 检验，即所有变量均是平稳的。

表4-2描述了在我国 A 股市场中滞后的个股投资者分歧指标对个股价格特质波动的横截面影响。式（4-5）的实证结果说明，在不考虑任何控制变量的影响下，个股投资者分歧指标对个股价格特质波动的影响是显著的并且是非线性的：在个股投资者分歧指标的滞后值是负数的情况下（$D_{i,t-1}^C < 0$），滞后的个股投资者分歧指标的系数是 –119.105 8，其 t 统计量为 –7.00；在个股投资者分歧指标的滞后值是正数的情况下（$D_{i,t-1}^C > 0$），滞后的个股投资者分歧指标的系数是126.407 0，其 t 统计量为12.42；同时，这两种不同状态之间的差异是显著的，其系数及相应的 t 统计量分别为245.512 8和11.78。上述实证结果意

表4-2　个股投资者分歧与个股价格特质波动

变量	式（4-5）	式（4-6）	式（4-7）	式（4-8）
截距	-3.919 1 （-142.23）	-3.938 4 （-144.13）	-2.579 8 （-84.02）	-2.673 8 （-85.04）
$D_{i,t-1}^C$	-119.105 8 （-7.00）	-163.893 8 （-9.51）	-47.845 9 （-4.28）	-74.178 0 （-6.89）
$I_{i,t-1}$	0.107 3 （14.01）	0.077 0 （12.63）	0.025 0 （5.97）	0.015 3 （4.23）
$I_{i,t-1}D_{i,t-1}^C$	245.512 8 （11.78）	248.083 3 （12.70）	93.231 5 （6.90）	104.754 9 （8.25）
$Rirf_{i,t-1}$		0.583 1 （10.12）		0.275 2 （7.70）
$\ln\left(IVOL_{i,t-1}\right)$			0.334 6 （34.03）	0.314 9 （32.87）
平均调整 R^2	0.044 0	0.072 7	0.147 0	0.156 6
N	235 411	235 411	235 411	235 411

注：表格中的所有结果均经过 Newey-West 调整，圆括号内报告的是系数所对应的 t 统计量，N 为观测值。

味着，滞后的个股投资者分歧指标对个股价格特质波动具有显著的影响，特别地，这一影响是非线性的并与个股投资者分歧指标的滞后值所处的不同状态有关：当主买投资者的力量相较于主卖投资者的力量占优势时（$D_{i,t-1}^{C}>0$），主买投资者和主卖投资者之间的分歧越大即滞后的个股投资者分歧指标的绝对值越大，则个股价格特质波动也越大；当主卖投资者的力量相较于主买投资者的力量占优势时（$D_{i,t-1}^{C}<0$），主卖投资者和主买投资者之间的分歧越大即滞后的个股投资者分歧指标的绝对值越大，则个股价格特质波动也越大。此外，本书拟在式（4-5）中加入一些控制变量以获得更加稳健的实证结果。因为"杠杆效应"的影响，本书在式（4-6）中加入个股超额收益率指标的滞后值作为控制变量。式（4-6）的实证结果揭示了与上述结论一致的结论，即滞后的个股投资者分歧对个股价格特质波动具有显著的非线性的影响。具体地，当个股投资者分歧指标的滞后值小于0时（$D_{i,t-1}^{C}<0$），个股价格特质波动随着滞后的个股投资者分歧指标的增加而减小（–163.893 8，t 统计量 =–9.51）；当个股投资者分歧指标的滞后值大于0时（$D_{i,t-1}^{C}>0$），个股价格特质波动随着滞后的个股投资者分歧指标的增加而增加（84.189 5，t 统计量 =9.69）。同时，考虑到股票价格特质波动具有持续性，本书在式（4-7）中加入个股价格特质波动的滞后值作为控制变量。当个股投资者分歧指标的滞后值为负数时（$D_{i,t-1}^{C}<0$），个股价格特质波动与滞后的投资者分歧之间的关系是负向的（–47.845 9，t 统计量 =–4.28）；当个股投资者分歧指标的滞后值为正数时（$D_{i,t-1}^{C}>0$），个股价格特质波动与滞后的投资者分歧之间的关系是正向的（45.385 6，t 统计量 =7.38）。式（4-8）的实证结果展示了包含个股超额收益率指标的滞后值和个股价格特质波动指标的滞后值作为控制变量情况下的个股投资者分歧效应。在式（4-8）中，本书发现在个股投资者分歧的滞后值为负数的状态下（$D_{i,t-1}^{C}<0$），滞后的个股投资者分歧指标对个股价格特质波动具有显著地负的影响（–74.178 0，t 统计量 =–6.89），然而在个股投资者分歧的滞后值为正数的状态下（$D_{i,t-1}^{C}>0$），滞后的个股投资者分歧指标对个股价格特质波动具有显著地正的影响（30.577 0，t 统计量 =5.16），此外，这两种状态之间的差异是显著的并且是正向的（104.754 9，t 统计量 =8.25）。也就是说，即使在将滞后的个股超额收益率指标和滞后的个股价格特质波动指标作为控制变量的情形下，个股投资者分歧指标对个股价格特质波动的影响依然是稳健的。上述实证结果说明，个股投资者分歧的滞后值对个股价格特质波动有系统性影响，并且这一影响是非线性的，特别地，这一非线性的影响与个股投资者分歧指标的滞后值所处的不同状态有密切联系：当滞后的个股投资者分歧指标为负数时，个股价格特质波动与个股投资者分歧指标的滞后值之间呈显著的负向关系；当滞后的个股投资者分歧指标为正数时，个股价格特质波动与个股投资者分歧指标的滞后值之间呈显著地正向关系。

　　最后，为了进一步验证滞后的个股投资者分歧指标对个股价格特质波动的非线性的影响与滞后的个股投资者分歧指标所处的不同状态有关联，本小节接着通过 Fama-MacBeth 横截面回归分析方法对个股投资者主买拥挤交易行为和个股价格特质波动的横截面效应以及个股投资者主卖拥挤交易行为和个股价格特质波动的横截面效应分别展开了研究。首先，本书分析了个股价格特质波动和个股投资者主买拥挤交易行为指标的滞后值之间的关系，具体的回归模型如下所示：

$$\ln(IVOL_{i,t}) = \beta_t + \beta_{BC,t} C_{i,t-1}^B + \varepsilon_{i,t} \quad\quad\quad (4\text{-}9)$$

$$\ln(IVOL_{i,t}) = \beta_t + \beta_{BC,t} C_{i,t-1}^B + \beta_{Rirf,t} Rirf_{i,t-1} + \varepsilon_{i,t} \quad\quad\quad (4\text{-}10)$$

$$\ln(IVOL_{i,t}) = \beta_t + \beta_{BC,t} C_{i,t-1}^B + \beta_{IVOL,t} \ln(IVOL_{i,t-1}) + \varepsilon_{i,t} \quad\quad\quad (4\text{-}11)$$

$$\ln(IVOL_{i,t}) = \beta_t + \beta_{BC,t} C_{i,t-1}^B + \beta_{Rirf,t} Rirf_{i,t-1} + \beta_{IVOL,t} \ln(IVOL_{i,t-1}) + \varepsilon_{i,t} \quad (4\text{-}12)$$

其中，$C_{i,t-1}^B$ 为股票 i 在第 t–1 个月的投资者主买拥挤交易行为。同时，本小节对多元回归模型中所涉及的所有变量进行平稳性检验，具体使用了 ADF-Fisher 检验，结果发现式（4-9）至式（4-12）所涉及的所有变量均通过了 ADF-Fisher 检验，因此多元回归模型中所涉及的所有变量均是平稳的。

　　表4-3中的 Panel A 报告了个股投资者主买拥挤交易行为指标对个股价格

特质波动的横截面效应。式（4-9）首先在不考虑任何控制变量影响的情况下对滞后的个股投资者主买拥挤交易行为指标与个股价格特质波动之间的关系展开了分析，其研究结果表明，滞后的个股投资者主买拥挤交易行为指标对个股价格特质波动的影响是显著的，其系数为31.260 1，其 t 统计量为12.58。该实证结果表明滞后的个股投资者主买拥挤交易程度的增加会造成个股价格特质波动的增大，即主买投资者的力量越大，个股价格特质波动也会随之越大。类似

表4-3　个股投资者拥挤交易行为与个股价格特质波动

Panel A：个股投资者主买拥挤交易行为对个股价格特质波动的影响				
变量	式（4-9）	式（4-10）	式（4-11）	式（4-12）
截距	-3.945 5 （-129.01）	-3.952 5 （-134.20）	-2.616 1 （-83.29）	-2.712 3 （-80.19）
$C_{i,t-1}^{B}$	31.260 1 （12.58）	26.501 9 （11.28）	8.768 6 （6.46）	7.672 3 （5.59）
$Rirf_{i,t-1}$		0.493 7 （11.51）		0.242 5 （7.33）
$\ln(IVOL_{i,t-1})$			0.326 8 （38.48）	0.305 4 （34.11）
平均调整 R^2	0.054 1	0.082 3	0.144 1	0.154 7
N	235 411	235 411	235 411	235 411
Panel B：个股投资者主卖拥挤交易行为对个股价格特质波动的影响				
变量	式（4-9）	式（4-10）	式（4-11）	式（4-12）
截距	-3.942 6 （-124.60）	-3.951 8 （-130.85）	-2.600 9 （-80.88）	-2.709 6 （-78.42）
$C_{i,t-1}^{S}$	29.869 2 （11.49）	25.901 0 （10.62）	7.762 5 （5.13）	7.274 2 （4.82）
$Rirf_{i,t-1}$		0.539 4 （12.34）		0.254 3 （7.67）
$\ln(IVOL_{i,t-1})$			0.330 0 （38.46）	0.305 9 （34.12）
平均调整 R^2	0.049 9	0.081 5	0.144 4	0.155 3
N	235 411	235 411	235 411	235 411

注：表格中的所有结果均经过 Newey-West 调整，圆括号内报告的是系数所对应的 t 统计量，N 为观测值。

于对个股投资者分歧横截面效应的研究，本书在接下来的研究中将滞后的个股超额收益率指标和个股价格特质波动指标的滞后值作为控制变量考虑进来。在考虑滞后的个股超额收益率指标的影响下，式（4-10）检验了个股投资者主买拥挤交易行为的滞后值对个股价格特质波动的影响。式（4-10）的实证结果显示，即使考虑了个股超额收益率指标的滞后值的影响，个股投资者主买拥挤交易行为指标对个股价格特质波动的横截面效应依然是稳健的。具体地，个股投资者主买拥挤交易行为指标的滞后值的系数和 t 统计量分别是26.501 9和11.28。接着，在考虑个股价格特质波动指标的滞后值的情形下，式（4-11）的实证结果说明个股价格特质波动与个股投资者主买拥挤交易行为指标的滞后值之间存在正向关系（8.768 6，t 统计量 =6.46）。进一步地，式（4-12）在同时考虑个股超额收益率指标的滞后值的影响和滞后的个股价格特质波动指标的影响的情况下，检验了个股投资者主买拥挤交易行为的滞后值对股票价格特质波动的横截面效应。其结论一致于上述的实证结论，即当个股投资者主买拥挤交易行为的滞后值增大时，个股价格特质波动也会随之增大（7.672 3，t 统计量 =5.59）。由此可知，滞后的个股投资者主买拥挤交易行为指标对个股价格特质波动具有显著的正向影响，也就是说，主买投资者的力量增加会导致个股价格特质波动随之增大。该实证结果也从侧面证明了当个股投资者分歧指标的滞后值为正数时，个股价格特质波动与投资者分歧的滞后值之间的关系是正向的这一结论。

接着，在研究了滞后的个股投资者主买拥挤交易行为指标对个股价格特质波动的横截面影响后，本书采用 Fama-MacBeth 横截面回归分析方法进一步检验了个股投资者主卖拥挤交易行为指标的滞后值对个股价格特质波动的横截面影响，具体的多元回归模型如下所示：

$$\ln(IVOL_{i,t}) = \beta_t + \beta_{SC,t} C^S_{i,t-1} + \varepsilon_{i,t} \tag{4-13}$$

$$\ln(IVOL_{i,t}) = \beta_t + \beta_{SC,t} C^S_{i,t-1} + \beta_{Rirf,t} Rirf_{i,t-1} + \varepsilon_{i,t} \tag{4-14}$$

$$\ln(IVOL_{i,t}) = \beta_t + \beta_{SC,t} C^S_{i,t-1} + \beta_{IVOL,t} \ln(IVOL_{i,t-1}) + \varepsilon_{i,t} \tag{4-15}$$

$$\ln(IVOL_{i,t}) = \beta_t + \beta_{SC,t} C^S_{i,t-1} + \beta_{Rirf,t} Rirf_{i,t-1} + \beta_{IVOL,t} \ln(IVOL_{i,t-1}) + \varepsilon_{i,t} \tag{4-16}$$

其中，$C_{i,t-1}^{S}$ 为股票 i 在第 t–1 个月的投资者主卖拥挤交易行为。同样地，本书采用 ADF-Fisher 检验的方法对回归模型中所涉及的所有变量进行了平稳性检验，检验结果表明式（4-13）至式（4-16）中所涉及的所有变量均是平稳的。

表4-3中的 Panel B 刻画了滞后的个股投资者主卖拥挤交易行为指标对个股价格特质波动的横截面影响。首先，在不考虑任何控制变量的情形下，式（4-13）的实证结果显示，个股投资者主卖拥挤交易行为指标对个股价格特质波动具有显著的正向影响，其系数是29.869 2，其相应的 t 统计量是11.49。这一实证结果意味着滞后的个股投资者主卖拥挤交易程度越高，则个股价格特质波动越大，也就是说，主卖投资者的力量增加会导致个股价格特质波动增大。类似于上文的研究，本书拟在式（4-13）中加入个股超额收益率指标的滞后值和个股价格特质波动指标的滞后值作为控制变量。式（4-14）在考虑个股超额收益率的滞后值的影响的情况下研究了滞后的个股投资者主卖拥挤交易行为与个股价格特质波动之间的关系，其实证结果表明两者之间存在正向关系。具体地，个股投资者主卖拥挤交易行为指标的滞后值的因子载荷为25.901 0（t 统计量 =10.62）。在考虑滞后的个股价格特质波动的影响下，式（4-15）分析了滞后的个股投资者主卖拥挤交易行为指标对个股价格特质波动的影响。式（4-15）的实证结果说明，个股价格特质波动随着个股投资者主卖拥挤交易行为指标的滞后值的增加而增大（7.762 5，t 统计量 =5.13）。式（4-16）则在同时将个股超额收益率的滞后值的影响和个股价格特质波动的滞后值的影响考虑在内的情形下，研究了个股投资者主卖拥挤交易行为指标与个股价格特质波动的横截面效应。式（4-16）的分析表明，滞后的个股投资者主卖拥挤交易行为指标对个股价格特质波动的影响是显著的，且该影响是正向的影响（7.274 2，t 统计量 =4.82）。根据上述实证结果可知，个股投资者主卖拥挤交易行为的滞后值对个股价格特质波动具有系统性影响，具体地，当滞后的个股投资者主卖拥挤交易行为增大时，个股价格特质波动也会随之增大，即当主卖投资者的力量越大时，个股价格特质波动也会随之越大。这一实证结果能侧面验证当个股投资者分歧

的滞后值为负数时，个股价格特质波动与投资者分歧指标的滞后值之间的关系是负向的这一结论。

综上所述，滞后的个股投资者分歧对个股价格特质波动是有显著影响的，同时，这一显著的影响是非线性的：在滞后的个股投资者分歧为正时，个股投资者分歧指标的滞后值对个股价格特质波动具有正向影响；而在滞后的个股投资者分歧为负时，个股投资者分歧指标的滞后值对个股价格特质波动具有显著的负向影响。

4.4　考虑公司规模的个股投资者分歧与个股价格特质波动

关于公司规模和股票价格特质波动间关系的研究一直是金融学研究中的热点问题（Bali et al.，2005；Brown et al.，2007）。通常来讲，股票的公司规模越大，股票价格的特质波动就越小，可能的原因如下所示：当股票的公司规模较大时，其流通股规模也相应较大，所以这一类股票的价格不容易因为少量投资者的行为而产生大幅度的特质波动。由此，本小节将在考虑公司规模的影响后检验滞后的个股投资者分歧指标对个股价格特质波动的影响，其具体检验方法如下所示。首先，一致于已有的研究，将股票的流通市值指标定义为该股票所对应上市公司的公司规模；接着，根据2005年4月至2016年3月的月度公司规模的平均值对股票样本中的2 441只 A 股进行降序排列，即公司规模越大的股票其排位越靠前，并从2 441只 A 股中剔除公司规模小于一定阈值的 A 股，也就是剔除后 $p\%$ 的 A 股，在本小节的研究中，分别剔除了公司规模后30%的 A 股以及公司规模后70% 的 A 股；最后，对剔除了公司规模后30% 的股票样本和剔除了公司规模后70% 的股票样本，分别采用 Fama-MacBeth 横截面回归分析方法进行研究，即研究在考虑了公司规模影响的情况下个股投资者分歧的滞后值对个股价格特质波动的横截面影响。表4-4、表4-5、表4-6以及表4-7报告了根据上述分析方法所得的实证结果。

表4-4 剔除30% 小公司规模股票：个股投资者分歧与个股价格特质波动

变量	式（4-5）	式（4-6）	式（4-7）	式（4-8）
截距	−3.916 6 （−139.21）	−3.934 2 （−140.77）	−2.557 3 （−80.23）	−2.648 5 （−82.32）
$D_{i,t-1}^{C}$	−139.819 3 （−7.56）	−185.291 1 （−9.73）	−65.003 8 （−5.52）	−90.884 5 （−7.70）
$I_{i,t-1}$	0.102 1 （13.87）	0.073 5 （12.47）	0.023 3 （5.29）	0.014 3 （3.72）
$I_{i,t-1}D_{i,t-1}^{C}$	294.235 6 （11.79）	286.217 5 （12.72）	122.015 4 （8.49）	129.388 9 （9.42）
$Rirf_{i,t-1}$		0.572 0 （10.01）		0.262 3 （7.33）
$\ln\left(IVOL_{i,t-1}\right)$			0.340 0 （33.20）	0.320 8 （32.53）
平均调整 R^2	0.047 8	0.077 5	0.154 4	0.164 6
N	164 545	164 545	164 545	164 545

注：表格中的所有结果均经过 Newey-West 调整，圆括号内报告的是系数所对应的 t 统计量，N 为观测值。

表4-4描述了剔除公司规模后30%的股票后我国 A 股市场中滞后的个股投资者分歧指标与个股价格特质波动之间的关系。在分别考虑不包含任何控制变量的影响、个股超额收益率指标的滞后值的影响、个股价格特质波动指标的滞后值的影响以及个股超额收益率指标的滞后值和个股价格特质波动指标的滞后值的共同影响后，表4-4的实证结果表明了与上述结果一致的结论，即滞后的个股投资者分歧指标对个股价格特质波动的影响是显著的并且是非线性的。比如，式（4-8）的实证结果描述了包含个股超额收益率指标的滞后值和个股价格特质波动指标的滞后值的情况下滞后的个股投资者分歧指标对个股价格特质波动的影响。具体地，在剔除了公司规模后30%的股票后，个股投资者分歧指标的滞后值仍然对个股价格特质波动具有显著的非线性影响：当个股投资者分歧指标的滞后值为负数时（ $D_{i,t-1}^{C}<0$ ），个股价格特质波动与个股投资者分歧指标的滞后值之间呈负相关关系（−90.884 5，t 统计量 =−7.70）；当滞后的个股投资者分歧指标为正数时（ $D_{i,t-1}^{C}>0$ ），个股价格特质波动与滞后的个股投资者分歧

指标之间则呈正相关关系（38.504 4，t 统计量 =6.34）；此外，个股价格特质波动与滞后的个股投资者分歧指标之间的关系在两种不同状态下的差异是显著的（129.388 9，t 统计量 =9.42）。因此，在剔除了公司规模后30% 的股票后，个股投资者分歧指标的滞后值与个股价格特质波动的横截面效应依然是稳健的。

　　表4-5刻画了剔除公司规模后30% 的股票后个股投资者拥挤交易行为的滞后值对个股价格特质波动的影响，其中，表4-5的 Panel A 刻画了滞后的个股投资者主买拥挤交易行为对个股价格特质波动的影响，而表4-5的 Panel B 刻画了个股投资者主卖拥挤交易行为的滞后值对个股价格特质波动的影响。表4-5在不加入任何控制变量以及分别加入滞后的个股超额收益率指标作为控制变量、滞后的个股价格特质波动指标作为控制变量、滞后的个股超额收益率指标和滞后的个股价格特质波动指标共同作为控制变量的情况下，其实证结果依然是稳健的。比如，在考虑滞后的个股超额收益率指标和滞后的个股价格特质波动指标共同影响的情形下，滞后的个股投资者主买拥挤交易行为对个股价格特质波动的横截面影响以及个股投资者主卖拥挤交易行为的滞后值对个股价格特质波动的横截面影响并未受到剔除公司规模后30% 股票的影响。表4-5的 Panel A 中，式（4-12）的实证结果显示个股投资者主买拥挤交易行为指标的滞后值对个股价格特质波动的影响是显著为正的，其系数是8.577 3，其相应的 t 统计量是6.03；同样的，表4-5的 Panel B 中，式（4-16）的实证结果表明滞后的个股投资者主卖拥挤交易行为指标对个股价格特质波动的影响也是显著为正的，其系数是8.360 4，其相应的 t 统计量是5.29。由此可知，即使在剔除了公司规模后30% 的股票后，滞后的个股投资者主买拥挤交易行为指标对个股价格特质波动的影响仍然一致于之前的结论，个股投资者主卖拥挤交易行为指标的滞后值对个股价格特质波动的影响也仍然一致于之前的结论，也进一步侧面验证了滞后的个股投资者分歧指标对个股价格特质波动的非线性影响。

表4-5 剔除30%小公司规模股票：个股投资者拥挤交易行为与个股价格特质波动

Panel A：个股投资者主买拥挤交易行为对个股价格特质波动的影响				
变量	式（4-9）	式（4-10）	式（4-11）	式（4-12）
截距	-3.945 6 (-127.90)	-3.949 7 (-132.26)	-2.600 4 (-77.30)	-2.692 2 (-76.19)
$C_{i,t-1}^{B}$	33.660 6 (13.17)	28.188 1 (11.80)	9.853 8 (6.97)	8.577 3 (6.03)
$Rirf_{i,t-1}$		0.478 2 (11.27)		0.225 9 (6.82)
$\ln(IVOL_{i,t-1})$			0.330 7 (35.73)	0.310 1 (32.59)
平均调整 R^2	0.059 3	0.087 6	0.151 7	0.162 6
N	164 545	164 545	164 545	164 545
Panel B：个股投资者主卖拥挤交易行为对个股价格特质波动的影响				
变量	式（4-13）	式（4-14）	式（4-15）	式（4-16）
截距	-3.943 7 (-123.84)	-3.950 2 (-129.22)	-2.586 1 (-75.98)	-2.691 4 (-75.18)
$C_{i,t-1}^{S}$	32.518 4 (12.11)	27.820 9 (11.15)	9.022 2 (5.66)	8.360 4 (5.29)
$Rirf_{i,t-1}$		0.524 4 (12.09)		0.238 4 (7.19)
$\ln(IVOL_{i,t-1})$			0.333 8 (36.11)	0.310 3 (32.78)
平均调整 R^2	0.055 2	0.087 2	0.152 0	0.163 2
N	164 545	164 545	164 545	164 545

注：表格中的所有结果均经过 Newey-West 调整，圆括号内报告的是系数所对应的 t 统计量，N 为观测值。

表4-6报告了剔除公司规模后70%的股票后我国股票市场中个股投资者分歧指标的滞后值对个股价格特质波动的横截面影响。在不引入任何控制变量以及分别引入个股超额收益率指标的滞后值作为控制变量、个股价格特质波动指标的滞后值作为控制变量、滞后的个股超额收益率指标和滞后的个股价格特质波动指标共同作为控制变量的情况下，表4-6的实证结果显示滞后的个股投资

者分歧指标对个股价格特质波动的影响仍然一致于之前的结论。举例来说，在考虑个股超额收益率指标的滞后值和个股价格特质波动指标的滞后值的共同影响时，滞后的个股投资者分歧指标与个股价格特质波动之间的关系并未受到剔除公司规模后70%股票的影响。具体地，在个股投资者分歧的滞后值为负数的状态下（$D_{i,t-1}^C < 0$），个股投资者分歧指标的因子载荷是负数（–119.945 7，t 统计量 = –7.98）；在滞后的个股投资者分歧为正数的状态下（$D_{i,t-1}^C > 0$），个股投资者分歧指标的因子载荷则是正数（58.713 0，t 统计量 = 6.00）；特别地，这两种不同状态之间的差异是显著为正的，其系数是178.658 7（t 统计量 = 9.42）。总体来说，即使在剔除了公司规模后70% 的股票后，滞后的个股投资者分歧与个股价格特质波动的横截面效应依然是稳健的。

表4-6　剔除70% 小公司规模股票：个股投资者分歧与个股价格特质波动

变量	式（4-5）	式（4-6）	式（4-7）	式（4-8）
截距	−3.919 6 （−133.68）	−3.933 5 （−134.40）	−2.534 1 （−73.10）	−2.615 8 （−71.77）
$D_{i,t-1}^C$	−179.555 2 （−8.10）	−223.725 5 （−9.77）	−96.179 0 （−6.36）	−119.945 7 （−7.98）
$I_{i,t-1}$	0.092 7 （13.45）	0.068 9 （11.63）	0.023 8 （5.27）	0.016 2 （3.92）
$I_{i,t-1}D_{i,t-1}^C$	392.148 8 （11.16）	370.185 9 （11.79）	176.399 6 （8.98）	178.658 7 （9.42）
$Rirf_{i,t-1}$		0.536 6 （9.45）		0.229 6 （6.09）
$\ln\left(IVOL_{i,t-1}\right)$			0.346 6 （31.28）	0.329 3 （29.71）
平均调整 R^2	0.056 5	0.086 9	0.168 4	0.179 7
N	73 537	73 537	73 537	73 537

注：表格中的所有结果均经过 Newey-West 调整，圆括号内报告的是系数所对应的 t 统计量，N 为观测值。

表4-7刻画了剔除公司规模后70% 的股票后滞后的个股投资者拥挤交易行为指标与个股价格特质波动之间的关系，其中，表4-7的 Panel A 刻画了剔除公司规模后70% 的股票后滞后的个股投资者主买拥挤交易行为指标与个股价格

特质波动之间的关系，而表4-7的 Panel B 则刻画了剔除公司规模后70% 的股票后个股投资者主卖拥挤交易行为指标的滞后值与个股价格特质波动之间的关系。在不考虑任何控制变量的影响以及分别考虑个股超额收益率指标的滞后值的影响、个股价格特质波动指标的滞后值的影响、滞后的个股超额收益率指标和滞后的个股价格特质波动指标的共同影响的情形下，表4-7的实证结果揭示了与上述结论一致的结论，即个股投资者主买拥挤交易行为指标的滞后值与滞

表4-7　剔除70% 小公司规模股票：个股投资者拥挤交易行为与个股价格特质波动

Panel A：个股投资者主买拥挤交易行为对个股价格特质波动的影响				
变量	式（4-9）	式（4-10）	式（4-11）	式（4-12）
截距	−3.940 6 (−122.17)	−3.943 2 (−125.36)	−2.568 3 (−73.93)	−2.653 3 (−69.35)
$C_{i,t-1}^{B}$	35.835 1 (11.92)	29.928 0 (10.97)	10.866 2 (7.19)	9.553 2 (6.38)
$Rirf_{i,t-1}$		0.471 3 (11.02)		0.201 8 (5.78)
$\ln(IVOL_{i,t-1})$			0.338 6 (33.96)	0.319 3 (29.83)
平均调整 R^2	0.062 8	0.093 2	0.163 2	0.175 7
N	73 537	73 537	73 537	73 537
Panel B：个股投资者主卖拥挤交易行为对个股价格特质波动的影响				
变量	式（4-13）	式（4-14）	式（4-15）	式（4-16）
截距	−3.938 8 (−118.60)	−3.943 4 (−122.52)	−2.555 0 (−73.26)	−2.651 7 (−68.94)
$C_{i,t-1}^{S}$	34.783 0 (10.91)	29.574 3 (10.19)	10.042 5 (5.64)	9.260 6 (5.31)
$Rirf_{i,t-1}$		0.513 1 (11.79)		0.213 4 (6.13)
$\ln(IVOL_{i,t-1})$			0.341 5 (34.49)	0.319 7 (30.12)
平均调整 R^2	0.059 0	0.093 0	0.163 5	0.176 2
N	73 537	73 537	73 537	73 537

注：表格中的所有结果均经过 Newey-West 调整，圆括号内报告的是系数所对应的 t 统计量，N 为观测值。

后的个股投资者主卖拥挤交易行为指标对个股价格特质波动均具有显著的正向影响。例如，在表4-7的 Panel A 中，式（4-12）的实证结果展示了包含个股超额收益率指标的滞后值和滞后的个股价格特质波动指标的情况下的个股投资者主买拥挤交易行为效应，个股投资者主买拥挤交易行为指标的滞后值与个股价格特质波动之间呈正相关关系，其相应的系数是9.553 2（t 统计量 =6.38）；在表4-7的 Panel B 中，式（4-16）的实证结果则展示了包含滞后的个股超额收益率指标和个股价格特质波动指标的滞后值的情况下的个股投资者主卖拥挤交易行为效应，滞后的个股投资者主卖拥挤交易行为指标与个股价格特质波动之间也呈正相关关系，其相应的系数是9.260 6（t 统计量 =5.31）。基于上述实证结果可知，在剔除了公司规模后70% 的股票后，滞后的个股投资者主买拥挤交易行为与个股价格特质波动的横截面效应以及个股投资者主卖拥挤交易行为的滞后值与个股价格特质波动的横截面效应仍然是稳健的，从而侧面验证了个股投资者分歧指标对个股价格特质波动的非线性影响。

综上所述，在考虑了公司规模的影响后，个股投资者分歧指标的滞后值对个股价格特质波动的影响仍然一致于之前的结论。

4.5 考虑发行年限的个股投资者分歧与个股价格特质波动

股票发行年限是影响股票价格特质波动的重要因素（Ferreira et al., 2007；Zhang，2006）。学界的大部分学者认为股票发行年限越长的股票其价格特质波动越小：学者们认为股票发行年限较长的上市公司因为其相对稳健的内部控制、相对良好的财务状况和相对成熟的管理运作水平而具有较为稳定的经营状况，因此其股票价格特质波动较小。据此，本小节将在考虑股票发行年限的影响后，对个股投资者分歧指标的滞后值与个股价格特质波动的横截面效应进行研究，其具体研究方法如下所示：首先，参考已有研究对股票发行年限的定义，使用公司从上市到数据截取时点的年数来度量该股票的发行年限；紧接着，依据2016年3月的股票发行年限指标，对我国 A 股市场中的2 441只 A 股采取从大到小的降序排列，即股票发行年限越长的股票的排位越靠前，并从整体股票样本中剔除股票发行年限小于一定阈值的股票样本，也就是剔除后 $p\%$ 的股票样本，此处，分别剔除了股票发行年限后30% 的 A 股和股票发行年限后70% 的 A 股；最后，对剔除了股票发行年限较短的股票的样本采用 Fama-MacBeth 横截面回归分析方法，在考虑了股票发行年限影响的情况下，检验个股投资者分歧指标的滞后值与个股价格特质波动之间的关系。具体的研究结果由表4-8、表4-9、表4-10以及表4-11可知。

表4-8描述了剔除发行年限后30% 的股票后我国股票市场中滞后的个股投资者分歧指标对个股价格特质波动的横截面影响。式（4-5）的实证结果描述了不包含任何控制变量情况下个股投资者分歧指标的滞后值对个股价格特质波动的影响。具体地，在剔除了发行年限后30% 的股票后，个股投资者分歧指标的滞后值仍然对个股价格特质波动具有显著的非线性影响：当个股投资者分歧指标的滞后值为负数时（ $D_{i,t-1}^{C}<0$ ），滞后的个股投资者分歧指标与个股价格特质波动之间为负相关关系（ –137.153 8，t 统计量 =–6.70 ）；当滞后的个股投资者分歧指标为正数时（ $D_{i,t-1}^{C}>0$ ），个股投资者分歧指标的滞后值与个股价格特质波动之间则为正相关关系（ 126.538 1，t 统计量 =12.10 ）；并且，滞后的个股投资者分歧指标与个股价格特质波动之间的关系在两种不同状态下的差异是显著的（ 263.692 0，t 统计量 =10.62 ）。同样，在分别引入滞后的个股超额收益率指标作为控制变量、个股价格特质波动指标的滞后值作为控制变量以及滞后的个股超额收益率指标和个股价格特质波动指标的滞后值共同作为控制变量的情况下，表4-8的实证结果显示滞后的个股投资者分歧指标对个股价格特质波动的影响仍然一致于之前的结论。因此，在剔除了发行年限后30% 的股票后，个股投资者分歧指标与个股价格特质波动的横截面效应依然是稳健的。

表4-9刻画了剔除发行年限后30% 的股票后对式（4-9）至式（4-16）进行回归分析后所得的系数、t 统计量和平均拟合优度，其中，表4-9的 Panel A 刻画了滞后的个股投资者主买拥挤交易行为指标对个股价格特质波动的影响，而

表4-8　剔除30% 短发行年限股票：个股投资者分歧与个股价格特质波动

变量	式（4-5）	式（4-6）	式（4-7）	式（4-8）
截距	−3.930 8 （−135.98）	−3.950 9 （−136.44）	−2.612 8 （−96.26）	−2.703 8 （−92.07）
$D_{i,t-1}^{C}$	−137.153 8 （−6.70）	−199.784 1 （−8.93）	−54.110 0 （−4.42）	−87.947 3 （−7.15）
$I_{i,t-1}$	0.108 8 （13.95）	0.082 4 （12.42）	0.026 2 （5.92）	0.018 2 （4.54）
$I_{i,t-1}D_{i,t-1}^{C}$	263.692 0 （10.62）	283.985 0 （11.42）	100.109 9 （6.61）	118.550 0 （8.12）
$Rirf_{i,t-1}$		0.579 3 （10.30）		0.271 8 （7.61）
$\ln\left(IVOL_{i,t-1}\right)$			0.328 1 （36.56）	0.309 4 （34.62）
平均调整 R^2	0.044 3	0.071 3	0.142 3	0.151 6
N	195 838	195 838	195 838	195 838

注：表格中的所有结果均经过 Newey-West 调整，圆括号内报告的是系数所对应的 t 统计量，N 为观测值。

表4-9的 Panel B 刻画了个股投资者主卖拥挤交易行为指标的滞后值对个股价格特质波动的影响。在表4-9的 Panel A 中，式（4-9）的实证结果展示了不包含任何控制变量情况下的个股投资者主买拥挤交易行为效应，个股价格特质波动与个股投资者主买拥挤交易行为指标的滞后值之间呈正相关关系，其相应的系数是35.430 6（t 统计量 =12.37）；在表4-9的 Panel B 中，式（4-13）的实证结果则展示了不包含任何控制变量情况下的个股投资者主卖拥挤交易行为效应，个股价格特质波动与滞后的个股投资者主卖拥挤交易行为指标之间也呈正相关关系，其相应的系数是35.268 4（t 统计量 =11.25）。表4-9在分别加入滞后的个股超额收益率指标作为控制变量、个股价格特质波动指标的滞后值作为控制变量以及滞后的个股超额收益率指标和个股价格特质波动指标的滞后值共同作为控制变量的情况下，其实证结果依然是稳健的。基于上述实证结果可知，即使在剔除了发行年限后30% 的股票后，滞后的个股投资者主买拥挤交易行为对个股价格特质波动的影响仍然一致于之前的结论，个股投资者主卖拥挤交易行

为的滞后值对个股价格特质波动的影响也仍然一致于之前的结论，由此侧面验证了个股投资者分歧的滞后值对个股价格特质波动的非线性影响。

表4-9　剔除30%短发行年限股票：个股投资者拥挤交易行为与个股价格特质波动

Panel A：个股投资者主买拥挤交易行为对个股价格特质波动的影响				
变量	式（4-9）	式（4-10）	式（4-11）	式（4-12）
截距	−3.960 5 （−124.85）	−3.964 8 （−129.56）	−2.652 4 （−87.16）	−2.743 5 （−81.98）
$C_{i,t-1}^{B}$	35.430 6 （12.37）	30.166 2 （11.20）	10.271 0 （6.88）	9.082 2 （5.98）
$Rirf_{i,t-1}$		0.475 4 （11.60）		0.233 5 （7.13）
$\ln\left(IVOL_{i,t-1}\right)$			0.320 0 （40.52）	0.299 6 （35.25）
平均调整 R^2	0.053 7	0.080 3	0.138 9	0.149 4
N	195 838	195 838	195 838	195 838

Panel B：个股投资者主卖拥挤交易行为对个股价格特质波动的影响				
变量	式（4-13）	式（4-14）	式（4-15）	式（4-16）
截距	−3.960 2 （−119.84）	−3.966 5 （−125.44）	−2.641 3 （−83.74）	−2.746 3 （−79.19）
$C_{i,t-1}^{S}$	35.268 4 （11.25）	30.688 4 （10.45）	9.757 6 （5.68）	9.236 4 （5.34）
$Rirf_{i,t-1}$		0.520 1 （12.44）		0.246 7 （7.52）
$\ln\left(IVOL_{i,t-1}\right)$			0.322 5 （40.48）	0.299 1 （35.13）
平均调整 R^2	0.050 5	0.080 4	0.139 3	0.150 0
N	195 838	195 838	195 838	195 838

注：表格中的所有结果均经过 Newey-West 调整，圆括号内报告的是系数所对应的 t 统计量，N 为观测值。

表4-10报告了剔除发行年限后70%的股票后我国 A 股市场中个股价格特质波动与个股投资者分歧指标的滞后值之间的关系。在不考虑任何控制变量的影响时，滞后的个股投资者分歧指标与个股价格特质波动之间的关系并未

受到剔除发行年限后70%股票的影响。具体地，在个股投资者分歧的滞后值为负数的状态下（$D_{i,t-1}^C<0$），滞后的个股投资者分歧指标的因子载荷是负数（–197.085 2，t统计量=–8.60）；在滞后的个股投资者分歧为正数的状态下（$D_{i,t-1}^C>0$），个股投资者分歧指标滞后值的因子载荷则是正数（129.368 8，t统计量=10.25）；此外，这两种不同状态之间的差异是显著的，其系数是326.453 9（t统计量=11.71）。进一步地，在分别考虑滞后的个股超额收益率指标的影响、个股价格特质波动指标滞后值的影响以及个股超额收益率指标滞后值和滞后的个股价格特质波动指标的共同影响后，表4-10的实证结果表明了与上述结果一致的结论，即滞后的个股投资者分歧对个股价格特质波动的影响是显著的并且是非线性的。总体来说，即使在剔除了发行年限后70%的股票后，滞后的个股投资者分歧与个股价格特质波动的横截面效应依然是稳健的。

表4–10　剔除70%短发行年限股票：个股投资者分歧与个股价格特质波动

变量	式（4-5）	式（4-6）	式（4-7）	式（4-8）
截距	–3.934 3（–134.22）	–3.954 3（–132.95）	–2.697 4（–99.16）	–2.785 2（–93.96）
$D_{i,t-1}^C$	–197.085 2（–8.60）	–268.273 3（–10.93）	–112.016 3（–6.19）	–150.011 8（–8.49）
$I_{i,t-1}$	0.112 6（13.53）	0.088 9（11.70）	0.034 5（6.66）	0.027 3（5.36）
$I_{i,t-1}D_{i,t-1}^C$	326.453 9（11.71）	354.297 1（12.80）	156.697 6（7.54）	179.532 4（9.11）
$Rirf_{i,t-1}$		0.552 9（9.82）		0.260 0（6.84）
$\ln(IVOL_{i,t-1})$			0.307 6（32.74）	0.289 6（30.72）
平均调整 R^2	0.046 2	0.072 2	0.134 2	0.144 4
N	89 334	89 334	89 334	89 334

注：表格中的所有结果均经过 Newey-West 调整，圆括号内报告的是系数所对应的 t 统计量，N 为观测值。

　　表4-11描述了剔除发行年限后70%的股票后个股价格特质波动与滞后的个股投资者拥挤交易行为指标之间的关系，其中，表4-11的 Panel A 描述了剔

除发行年限后70%的股票后个股价格特质波动与滞后的个股投资者主买拥挤交易行为指标之间的关系，而表4-11的 Panel B 则描述了剔除发行年限后70%的股票后个股价格特质波动与个股投资者主卖拥挤交易行为指标的滞后值之间的关系。在不考虑任何控制变量影响的情形下，滞后的个股投资者主买拥挤交易行为对个股价格特质波动的横截面影响以及个股投资者主卖拥挤交易行为的滞后值对个股价格特质波动的横截面影响并未受到剔除发行年限后70%股票的影响。表4-11的 Panel A 中，式（4-9）的实证结果显示个股投资者主买拥挤交易行为指标的滞后值对个股价格特质波动的影响是显著为正的，其系数是35.609 0，其相应的 t 统计量是11.77；同样，表4-11的 Panel B 中，式（4-13）的实证结果表明滞后的个股投资者主卖拥挤交易行为指标对个股价格特质波动的影响也是显著为正的，其系数是35.798 4，其相应的 t 统计量是11.00。类似地，在分别考虑滞后的个股超额收益率指标的影响、个股价格特质波动指标的滞后值的影响以及个股超额收益率指标的滞后值和滞后的个股价格特质波动指标的共同影响的情形下，表4-11的实证结果揭示了与上述结论一致的结论，即个股投资者主买拥挤交易行为的滞后值与滞后的个股投资者主卖拥挤交易行为对个股价格特质波动均具有显著的正向影响。由此可知，在剔除了发行年限后70%的股票后，滞后的个股投资者主买拥挤交易行为指标与个股价格特质波动的横截面效应以及个股投资者主卖拥挤交易行为指标的滞后值与个股价格特质波动的横截面效应仍然是稳健的，从而侧面验证了滞后的个股投资者分歧指标对个股价格特质波动的非线性影响。

　　综上所述，在考虑了发行年限的影响后，滞后的个股投资者分歧指标对个股价格特质波动的横截面效应仍然是稳健的。

表4-11　剔除70% 短发行年限股票：个股投资者拥挤交易行为与个股价格特质波动

变量	Panel A：个股投资者主买拥挤交易行为对个股价格特质波动的影响			
变量	式（4-9）	式（4-10）	式（4-11）	式（4-12）
截距	−3.954 2 （−121.26）	−3.959 3 （−124.97）	−2.730 8 （−90.88）	−2.818 5 （−84.57）
$C_{i,t-1}^{B}$	35.609 0 （11.77）	30.530 2 （10.73）	10.956 4 （6.97）	9.953 1 （6.31）
$Rirf_{i,t-1}$		0.446 8 （10.34）		0.210 7 （6.01）
$\ln\left(IVOL_{i,t-1}\right)$			0.299 3 （36.05）	0.279 8 （31.60）
平均调整 R^2	0.051 8	0.077 5	0.128 3	0.139 5
N	89 334	89 334	89 334	89 334
变量	Panel B：个股投资者主卖拥挤交易行为对个股价格特质波动的影响			
变量	式（4-13）	式（4-14）	式（4-15）	式（4-16）
截距	−3.955 2 （−117.57）	−3.961 5 （−121.99）	−2.721 0 （−89.48）	−2.821 8 （−82.87）
$C_{i,t-1}^{S}$	35.798 4 （11.00）	31.255 2 （10.29）	10.817 5 （6.21）	10.394 1 （5.98）
$Rirf_{i,t-1}$		0.489 4 （11.14）		0.225 0 （6.37）
$\ln\left(IVOL_{i,t-1}\right)$			0.301 7 （36.30）	0.279 3 （31.67）
平均调整 R^2	0.048 5	0.077 3	0.128 2	0.139 8
N	89 334	89 334	89 334	89 334

注：表格中的所有结果均经过 Newey-West 调整，圆括号内报告的是系数所对应的 t 统计量，N 为观测值。

4.6　考虑机构持有权的个股投资者分歧与个股价格特质波动

机构投资者对股票价格特质波动有着重要的影响（Bennett et al.，2003；Xu et al.，2003）。基于此，本小节在考虑机构持有权的影响后，对个股价格特质波动与滞后的个股投资者分歧指标之间的关系展开分析。具体的分析方法如下：首先，由于个股机构持有权只有季度数据，所以参考已有研究的处理方式，通过季度个股机构持有权数据算出经过调整后的月度个股机构持有权数据，即经过调整后的月度个股机构持有权数据中的当月的月度个股机构持有权数据等于离该月最近的季度所对应的季度个股机构持有权数据；接着，以2005年4月至2016年3月的经过调整后的月度个股机构持有权的平均值为依据，对我国股票市场中的2 441只A股进行从大到小的降序排列，并且从整体股票样本中剔除机构持有权小于一定阈值的A股，即剔除后$p\%$的A股，特别地，分别剔除了后30%的A股以及后70%的A股；最后，对剔除了机构持有权较小的股票的样本使用Fama-MacBeth横截面回归分析方法，即在考虑了机构持有权影响的情况下，研究滞后的个股投资者分歧与个股价格特质波动的横截面效应。根据此研究方法所得的实证结果如表4-12、表4-13、表4-14及表4-15所示。

表4-12报告了剔除机构持有权后30%的股票后我国A股市场中滞后的个股投资者分歧指标对个股价格特质波动的横截面影响。在不考虑任何控制变量的影响时，个股投资者分歧指标的滞后值与个股价格特质波动之间的关系并未受到剔除机构持有权后30%股票的影响。具体地，在滞后的个股投资者分歧为负数的状态下（$D_{i,t-1}^{C}<0$），个股投资者分歧指标的滞后值的因子载荷是负数（$-126.799\ 9$，t统计量$=-6.80$）；在个股投资者分歧的滞后值为正数的状态下（$D_{i,t-1}^{C}>0$），滞后的个股投资者分歧指标的因子载荷则是正数（$133.192\ 4$，t统计量$=12.70$）；此外，这两种状态之间的差异是显著的，其系数是$259.992\ 3$（t统计量$=11.65$）。同样的，在分别引入个股超额收益率指标的滞后值作为控制变量、滞后的个股价格特质波动指标作为控制变量以及个股超额收益率指标的滞后值和滞后的个股价格特质波动指标共同作为控制变量的情况下，表4-12的实证结果显示个股投资者分歧指标的滞后值对个股价格特质波动的影响仍然一致于之前的结论。总体来说，即使在剔除了机构持有权后30%的股票后，个股投资者分歧的滞后值与个股价格特质波动的横截面效应依然是稳健的。

表4-12　剔除30% 低机构持有权股票：个股投资者分歧与个股价格特质波动

变量	式（4-5）	式（4-6）	式（4-7）	式（4-8）
截距	−3.931 1 （−137.34）	−3.950 3 （−138.55）	−2.599 2 （−88.21）	−2.689 6 （−87.74）
$D_{i,t-1}^{C}$	−126.799 9 （−6.80）	−177.987 4 （−9.27）	−54.011 8 （−4.37）	−83.676 3 （−6.93）
$I_{i,t-1}$	0.104 7 （12.95）	0.077 1 （11.65）	0.025 7 （5.40）	0.017 3 （4.07）
$I_{i,t-1}D_{i,t-1}^{C}$	259.992 3 （11.65）	268.929 6 （12.51）	100.644 7 （6.88）	115.491 7 （8.29）
$Rirf_{i,t-1}$		0.588 5 （10.05）		0.275 9 （7.45）
$\ln\left(IVOL_{i,t-1}\right)$			0.331 6 （34.05）	0.313 0 （33.08）
平均调整 R^2	0.045 7	0.073 6	0.146 4	0.155 8
N	176 935	176 935	176 935	176 935

注：表格中的所有结果均经过 Newey-West 调整，圆括号内报告的是系数所对应的 t 统计量，N 为观测值。

表4-13描述了剔除机构持有权后30% 的股票后个股投资者拥挤交易行为指标的滞后值与个股价格特质波动之间的关系，其中，表4-13的 Panel A 描述了剔除机构持有权后30% 的股票后个股投资者主买拥挤交易行为指标的滞后值与个股价格特质波动之间的关系，而表4-13的 Panel B 则描述了剔除机构持有权后30% 的股票后滞后的个股投资者主卖拥挤交易行为指标与个股价格特质波动之间的关系。在表4-13的 Panel A 中，式（4-9）的实证结果展示了不包含任何控制变量情况下的个股投资者主买拥挤交易行为效应，滞后的个股投资者主买拥挤交易行为指标与个股价格特质波动之间呈正相关关系，其相应的系数是34.730 4（t 统计量 =13.28）；在表4-13的 Panel B 中，式（4-13）的实证结果则展示了不包含任何控制变量情况下的个股投资者主卖拥挤交易行为效应，个股投资者主卖拥挤交易行为指标的滞后值与个股价格特质波动之间也呈正相关关系，其相应的系数是33.413 5（t 统计量 =11.66）。类似地，在分别考虑个股超额收益率指标的滞后值的影响、滞后的个股价格特质波动指标的影响以及

滞后的个股超额收益率指标和个股价格特质波动指标的滞后值的共同影响的情形下，表4-13的实证结果揭示了与上述结论一致的结论，即滞后的个股投资者主买拥挤交易行为指标与个股投资者主卖拥挤交易行为指标的滞后值对个股价格特质波动均具有显著的正向影响。由此可知，在剔除了机构持有权后30%的股票后，个股投资者主买拥挤交易行为的滞后值与个股价格特质波动的横截面效应以及滞后的个股投资者主卖拥挤交易行为与个股价格特质波动的横截面

表4-13　剔除30%低机构持有权股票：个股投资者拥挤交易行为与个股价格特质波动

Panel A：个股投资者主买拥挤交易行为对个股价格特质波动的影响				
变量	式（4-9）	式（4-10）	式（4-11）	式（4-12）
截距	−3.960 3 （−125.94）	−3.965 1 （−129.78）	−2.625 8 （−83.78）	−2.719 6 （−78.66）
$C_{i,t-1}^{B}$	34.730 4 （13.28）	29.344 5 （11.40）	9.137 8 （5.69）	7.750 6 （4.55）
$Rirf_{i,t-1}$		0.502 0 （11.44）		0.246 0 （7.11）
$\ln\left(IVOL_{i,t-1}\right)$			0.326 0 （39.51）	0.305 0 （34.52）
平均调整 R^2	0.054 6	0.082 9	0.143 1	0.154 0
N	176 935	176 935	176 935	176 935
Panel B：个股投资者主卖拥挤交易行为对个股价格特质波动的影响				
变量	式（4-13）	式（4-14）	式（4-15）	式（4-16）
截距	−3.956 7 （−120.47）	−3.964 1 （−125.72）	−2.610 8 （−80.63）	−2.717 7 （−76.30）
$C_{i,t-1}^{S}$	33.413 5 （11.66）	28.922 2 （10.48）	8.141 8 （4.41）	7.466 4 （3.96）
$Rirf_{i,t-1}$		0.548 0 （12.34）		0.256 6 （7.44）
$\ln\left(IVOL_{i,t-1}\right)$			0.329 0 （39.35）	0.305 2 （34.39）
平均调整 R^2	0.050 5	0.082 2	0.143 7	0.154 7
N	176935	176935	176935	176935

注：表格中的所有结果均经过 Newey-West 调整，圆括号内报告的是系数所对应的 t 统计量，N 为观测值。

效应仍然是稳健的，也进一步侧面验证了个股投资者分歧指标的滞后值对个股价格特质波动的非线性影响。

表4-14刻画了剔除机构持有权后70%的股票后我国股票市场中个股价格特质波动与滞后的个股投资者分歧指标之间的关系。式（4-5）的实证结果描述了不包含任何控制变量情况下个股投资者分歧指标对个股价格特质波动的影响。具体地，在剔除了机构持有权后70%的股票后，滞后的个股投资者分歧指标仍然对个股价格特质波动具有显著的非线性影响：当滞后的个股投资者分歧指标为负数时（$D_{i,t-1}^C < 0$），个股价格特质波动与个股投资者分歧指标的滞后值之间呈负相关关系（−157.505 6，t 统计量 =−7.90）；当个股投资者分歧指标的滞后值为正数时（$D_{i,t-1}^C > 0$），个股价格特质波动与滞后的个股投资者分歧指标之间则呈正相关关系（177.616 3，t 统计量 =11.43）；并且，个股价格特质波动与个股投资者分歧指标的滞后值之间的关系在两种不同状态下的差异是显著的（335.121 9，t 统计量 =12.57）。此外，在分别考虑个股超额收益率指标

表4-14 剔除70% 低机构持有权股票：个股投资者分歧与个股价格特质波动

变量	式（4-5）	式（4-6）	式（4-7）	式（4-8）
截距	−3.941 6 （−132.33）	−3.960 2 （−132.62）	−2.563 9 （−92.39）	−2.647 5 （−84.58）
$D_{i,t-1}^C$	−157.505 6 （−7.90）	−203.901 9 （−10.05）	−76.492 1 （−5.25）	−102.234 8 （−7.11）
$I_{i,t-1}$	0.098 4 （12.29）	0.073 6 （10.39）	0.023 6 （4.42）	0.016 5 （3.24）
$I_{i,t-1}D_{i,t-1}^C$	335.121 9 （12.57）	328.394 3 （12.95）	144.947 1 （8.20）	152.221 1 （8.77）
$Rirf_{i,t-1}$		0.586 3 （9.37）		0.264 8 （6.16）
$\ln\left(IVOL_{i,t-1}\right)$			0.342 7 （36.61）	0.326 0 （34.71）
平均调整 R^2	0.052 0	0.081 7	0.159 3	0.170 5
N	73 817	73 817	73 817	73 817

注：表格中的所有结果均经过 Newey-West 调整，圆括号内报告的是系数所对应的 t 统计量，N 为观测值。

的滞后值的影响、滞后的个股价格特质波动指标的影响以及滞后的个股超额收益率指标和个股价格特质波动指标的滞后值的共同影响后，表4-14的实证结果表明了与上述结果一致的结论，即个股投资者分歧的滞后值对个股价格特质波动的影响是显著的并且是非线性的。因此，在剔除了机构持有权后70%的股票后，滞后的个股投资者分歧指标与个股价格特质波动的横截面效应依然是稳健的。

表4-15报告了剔除机构持有权后70%的股票后对式（4-9）至式（4-16）进行回归分析后所得的系数、t统计量和平均拟合优度，其中，表4-15的 Panel A 报告了个股投资者主买拥挤交易行为的滞后值对个股价格特质波动的影响，而表4-15的 Panel B 报告了滞后的个股投资者主卖拥挤交易行为对个股价格特质波动的影响。在不考虑任何控制变量影响的情形下，个股投资者主买拥挤交易行为的滞后值对个股价格特质波动的横截面影响以及滞后的个股投资者主卖拥挤交易行为对个股价格特质波动的横截面影响并未受到剔除机构持有权后70%股票的影响。表4-15的 Panel A 中，式（4-9）的实证结果显示滞后的个股投资者主买拥挤交易行为指标对个股价格特质波动的影响是显著为正的，其系数是37.758 5，其相应的 t 统计量是13.74；同样的，表4-15的 Panel B 中，式（4-13）的实证结果表明个股投资者主卖拥挤交易行为指标的滞后值对个股价格特质波动的影响也是显著为正的，其系数是36.084 0，其相应的 t 统计量是12.03。表4-15在分别加入个股超额收益率指标的滞后值作为控制变量、滞后的个股价格特质波动指标作为控制变量以及个股超额收益率指标的滞后值和滞后的个股价格特质波动指标共同作为控制变量的情况下，其实证结果依然是稳健的。基于上述实证结果可知，即使在剔除了机构持有权后70%的股票后，个股投资者主买拥挤交易行为指标的滞后值对个股价格特质波动的影响仍然一致于之前的结论，滞后的个股投资者主卖拥挤交易行为指标对个股价格特质波动的影响也仍然一致于之前的结论，从而侧面验证了个股投资者分歧对个股价格特质波动的非线性影响。

表4-15　剔除70%低机构持有权股票：个股投资者拥挤交易行为与个股价格特质波动

Panel A：个股投资者主买拥挤交易行为对个股价格特质波动的影响				
变量	式（4-9）	式（4-10）	式（4-11）	式（4-12）
截距	−3.968 6 （−121.66）	−3.972 7 （−124.35）	−2.601 3 （−80.09）	−2.685 4 （−72.76）
$C_{i,t-1}^{B}$	37.758 5 （13.74）	32.103 9 （11.91）	10.763 4 （6.16）	9.234 2 （5.10）
$Rirf_{i,t-1}$		0.493 2 （10.51）		0.229 6 （5.77）
$\ln\left(IVOL_{i,t-1}\right)$			0.334 4 （40.43）	0.315 7 （34.39）
平均调整 R^2	0.060 0	0.089 6	0.154 0	0.166 7
N	73 817	73 817	73 817	73 817
Panel B：个股投资者主卖拥挤交易行为对个股价格特质波动的影响				
变量	式（4-13）	式（4-14）	式（4-15）	式（4-16）
截距	−3.964 9 （−117.02）	−3.971 5 （−120.99）	−2.584 6 （−77.78）	−2.681 9 （−71.24）
$C_{i,t-1}^{S}$	36.084 0 （12.03）	31.387 4 （10.87）	9.553 5 （4.80）	8.725 4 （4.38）
$Rirf_{i,t-1}$		0.540 6 （11.40）		0.242 0 （6.11）
$\ln\left(IVOL_{i,t-1}\right)$			0.337 9 （40.65）	0.316 4 （34.52）
平均调整 R^2	0.055 3	0.088 6	0.154 4	0.167 2
N	73 817	73 817	73 817	73 817

注：表格中的所有结果均经过 Newey-West 调整，圆括号内报告的是系数所对应的 t 统计量，N 为观测值。

综上所述，在考虑了机构持有权的影响后，滞后的个股投资者分歧指标与个股价格特质波动之间的关系依然是稳健的。

4.7　本章小结

本章试图从微观层面对我国 A 股市场中个股价格特质波动与个股投资者分歧之间的关系进行详细分析，其中，本章选取了我国在上海市场和深圳市场上市的2 441只 A 股作为股票样本，选用2005年4月至2016年3月作为样本期。

　　首先，采用第3章所构建的股票层面的基于投资者拥挤交易行为的投资者分歧指标作为解释变量，分析滞后的个股投资者分歧指标在考虑杠杆效应和股票价格特质波动持续性的影响后对个股价格特质波动的横截面影响。根据实证结果可知，不管是否引入个股超额收益率指标的滞后值和滞后的个股价格特质波动指标作为控制变量，个股投资者分歧指标的滞后值对个股价格特质波动都有显著的横截面影响，这一影响是非线性的，并且这一非线性的影响和滞后的个股投资者分歧指标所处的状态有紧密联系：当个股投资者分歧的滞后值为负数时，个股价格特质波动与滞后的投资者分歧指标之间是负相关关系；当滞后的个股投资者分歧为正数时，个股价格特质波动与投资者分歧指标的滞后值之间是正相关关系；特别地，个股价格特质波动与滞后的个股投资者分歧指标之间的关系在两种状态下的差异是显著的。紧接着，在考虑杠杆效应和股票价格特质波动持续性的情况下，使用第3章所构建的可以测度股票层面的投资者拥挤交易行为的个股投资者主买拥挤交易行为指标和个股投资者主卖拥挤交易行为指标作为解释变量，分别检验个股投资者主买拥挤交易行为指标的滞后值与个股价格特质波动的横截面效应以及个股投资者主卖拥挤交易行为指标的滞后值与个股价格特质波动的横截面效应，以便进一步从侧面验证个股投资者分歧对个股价格特质波动的非线性影响。实证结果显示，无论是否考虑滞后的个股超额收益率指标和个股价格特质波动指标的滞后值对个股价格特质波动的影响，个股价格特质波动与滞后的个股投资者主买拥挤交易行为指标之间都呈正向关系，从而侧面验证了在个股投资者分歧指标的滞后值大于零的状态下，滞后的个股投资者分歧指标对个股价格特质波动具有显著的正向影响这一结论；同时，个股投资者主卖拥挤交易行为指标的滞后值与个股价格特质波动之间呈稳健的正向关系，从而侧面验证了在滞后的个股投资者分歧指标小于零的状态下，个股投资者分歧指标的滞后值对个股价格特质波动具有显著的负向影响这一结论。最后，试图研究个股价格特质波动与个股投资者分歧指标之间的关系是否会受到股票的规模特征、发行年限特征以及机构持有特征的影响。在分别依次剔除一定比例的小规模股票、一定比例的发行年限较短的股票和一定比例的低机构持有股票后，其实证结果仍然一致于之前的结论，也就是说，滞后的个股投资者分歧指标与个股价格特质波动之间的关系不会受到股票不同特征的影响（包括公司规模的影响、股票发行年限的影响和机构持有权的影响）。

第5章　投资者分歧与股票风险 – 收益关系

5.1　引言

在金融学研究中，股票风险 - 收益关系一直是最为重要并且被广泛研究的内容之一（Jia et al.，2017；Nyberg，2012；Yang et al.，2016；Yu et al.，2011）。然而，已有文献并未就股票风险 - 收益关系得到一致的结论。

部分学者认为股票预期收益与股票价格波动之间是正向相关的。一方面，现有研究从理论分析视角证明了股票风险与股票收益之间存在着正相关关系（Lintner，1965；Merton，1973，1980；Mossin，1966；Sharpe，1964）。应用动态规划原理和伊藤随机分析技术，Merton（1973）在资本资产定价模型（CAPM）的基础上构建了一个连续时间的资产定价理论框架，即跨期资本资产定价模型（ICAPM），从而对资产风险 - 收益的跨期关系展开了分析。在此基础上，Merton（1980）通过进一步研究后认为资产的条件方差与条件期望收益率之间呈正相关，这一结论为随后的实证研究奠定了坚实的理论基础，并且风险 - 收益正向相关这一观点也随之成为国内外学术界的主流观点。另一方面，现有文献也从实证分析视角验证了股票风险 - 收益正相关这一结论。首先，Bali 等（2006）、Campbell 等（1992）、French 等（1987）、Ghysels 等（2005）、Guo 等（2006b）、Harrison 等（1999）、Jiang 等（2014）、Lundblad（2007）等学者在美国股票市场展开研究，发现股票风险 - 收益正相关这一现象在美国股票市场中是存在的；其次，Guo 等（2008）、Pástor 等（2008）学者不局限于对美国股票市场进行分析，而是将研究范围扩展到国际股票市场，他们发现股票预期收益和股票价格波动二者之间存在着显著的正相关性；此外，陈浪南等（2002）、陈守东等（2003）、田华等（2003）学者在我国股票市场中也对股票风险 - 收益关系进行了检验，他们的研究也支持了股票风险 - 收益关系是正向的这一结论。

然而，不同于国内外学术界的主流观点，部分学者认为股票风险与股票预期收益之间存在负相关关系。一方面，许多学者从理论研究的角度验证了收益和风险之间的关系并不一定为正相关关系，而是呈现负相关关系（Abel，1988；Backus et al.，1993；Whitelaw，2000）。如 Whitelaw（2000）在交换经济的一般均衡框架中引入了具有不同消费增长过程（consumption growth processes）的两种环境（two regimes），同时考虑在两种环境之间存在着时变的转换概率（transition probability），从而发现风险 - 收益关系理论上在短期内呈负向关系，而在长期内这一关系被削弱。另一方面，许多学者也从实证研究的角度证明了股票风险与股票预期收益之间具有负相关性（Brandt et al.，2004；Campbell，1987；Nelson，1991；Whitelaw，1994；游宗君 等，2010）。例如，为了量化杠杆效应，Nelson（1991）在 GARCH 模型的基础上，首次提出了具有捕捉波动性正负冲击所导致的非对称性效应特征的 EGARCH 模型，其实证结果表明同等强度的利空消息会比利好消息造成更大的市场波动，从而导致股票风险与股票预期收益之间存在负相关关系。

根据以上分析可知，有关股票风险 - 收益关系的实证研究并未得到统一的结论。学者们认为股票价格波动的算法是导致现有实证结论不一致的主要原因，也就是说，选择不同的股票价格波动的计算方法会对股票风险与股票预期收益之间的关系造成较大的影响（Ghysels et al.，2005；Harvey，2001；Lundblad，2007；Yu et al.，2011）。然而，学者们发现在考虑非理性因素的情况下，即使使用不同的方法计算股票价格波动，也依然能够得到一致的股票风险 - 收益关系（Jia et al.，2017；Yang et al.，2016；Yu et al.，2014；Yu et al.，2011）。Yu 等（2014）以及 Yu 等（2011）从投资者情绪的视角入手，检验了

股票风险 - 收益关系；Yang 等（2016）则从买卖非均衡的角度就股票风险 - 收益关系进行了分析；而 Jia 等（2017）则基于市场投资者分歧研究了股票市场的风险 - 收益关系。特别地，Jia 等（2017）的实证结果显示：当市场投资者分歧指标的改变值为负数时，股票市场的风险 - 收益关系是显著为负向的；而当市场投资者分歧指标的改变值为正数时，股票市场的风险 - 收益关系是显著为正向的。并且，即使在使用不同的方法计算股票价格波动时，或者在使用不同的市场组合进行检验时，这一实证结论均是稳健的。由此可知，基于非理性因素对股票风险 - 收益关系展开研究具有必要性。

投资者分歧在行为金融学中是十分重要的非理性因素，同时已有文献已经证明投资者分歧对资产价格和资产价格波动均有显著的影响。在有关于投资者分歧和资产价格的研究中，学者们从理论分析和实证分析两方面验证了投资者分歧与资产价格之间的关系。在理论研究方面，Miller（1977）等学者认为投资者分歧与资产未来收益呈负相关关系，而 Varian（1985）等学者却不认同 Miller（1977）的观点，他们认为投资者分歧与正的风险溢价相关。在实证研究方面，同样存在着两种观点。第一种观点认为投资者分歧对资产收益具有显著的负向影响（Boehme et al.，2006；Chen et al.，2002；Diether et al.，2002；Gharghori et al.，2011；Park，2005；Yu，2011；陈国进 等，2009；李冬昕 等，2014；李科 等，2015；王硕 等，2016），这一观点也验证了 Miller（1977）的结论；而第二种观点则与 Varian（1985）的结论一致，认为投资者分歧与股票收益正向相关（Carlin et al.，2014；Doukas et al.，2004；Garfinkel et al.，2006）。而在有关于投资者分歧和资产价格波动的研究中，学者们通过理论研究和实证研究两方面探讨了投资者分歧对资产价格波动的影响，其结果显示资产价格波动与投资者分歧之间存在着正向关系（Baker et al.，2016；Banerjee et al.，2010；Carlin et al.，2014；Daniel et al.，1998；Harrison et al.，1978；Hong et al.，2003；Miller，1977；Scheinkman et al.，2003；Shalen，1993；Zapatero，1998）。基于以上研究结果可知，投资者分歧既对资产价格有着显著的影响，同时也对资产价格波动具有显著的作用。受这些研究结果的启发，本书试图分析投资者分歧是否会影响股票风险 - 收益关系。

Jia 等（2017）已经验证了市场投资者分歧指标对股票市场的风险 - 收益关系具有重要的影响，但是并未有学者进一步考虑个股投资者分歧对个股层面的股票风险 - 收益关系的作用。因此，本章试图以第3章所构建的个股投资者分歧指标为基础，分析股票层面的风险 - 收益关系与个股投资者分歧指标之间的关系。为了研究上述问题，本书拟从以下两个方面进行讨论：首先，对我国 A 股市场的2 441只个股，按照个股价格波动和个股投资者分歧指标进行二维分组，并对不同的股票组合进行时间序列回归分析，从而讨论个股投资者分歧指标对股票风险 - 收益关系的作用；接着，试图检验股票的公司特征是否会影响股票风险 - 收益关系与个股投资者分歧指标之间的关系，因此，本书对股票样本依据个股价格波动、个股投资者分歧指标和股票的公司特征进行三维分组，并采用时间序列回归分析对不同的股票组合进行研究，进而探讨个股投资者分歧指标对股票风险 - 收益关系的作用是否会受到股票公司特征的影响，在此处，考虑股票公司特征为股票的规模特征、股票的发行年限特征以及股票的机构持有特征。

5.2　数据

在删除了月交易数据小于30个月的股票样本以后，本小节同样从 RESSET 数据库和 Wind 数据库选取了937只上证 A 股和1 504只深证 A 股作为样本，样本期为2005年4月至2016年3月，数据频率为月度，具体包含上证 A 股和深证 A 股的日度个股收盘价（$P_{i,\tau}$）、日度无风险收益率（$R_{f,\tau}$）、月度个股主买交易量（$BV_{i,t}$）、月度个股主卖交易量（$SV_{i,t}$）、月度个股自由流通股股数（$SO_{i,t}$）、月度个股收盘价（$P_{i,t}$）、月度无风险收益率（$R_{f,t}$）、月度市场超额收益率（MKT_t）、月度规模因子（SMB_t）、月度账面市值比因子（HML_t）、月度公司规模（$Size_{i,t}$）、月度公司年龄（$Age_{i,t}$）和月度个股机构持有权（$IO_{i,t}$）等指标。

具体的分组采取以下步骤：首先，在每个月，根据个股价格波动指标按横截面股票数量进行5等分，并将个股价格波动最大的股票组合标记为 Highest VOL，将个股价格波动最小的股票组合标记为 Lowest VOL；接着，在第一步的基础上，在每个月，独立地根据个股投资者分歧指标将股票样本进行五等分，并将个股投资者分歧指标最大的股票组合即主买投资者的力量强于主卖投资者的力量且两类投资者之间分歧程度最大的股票组合标记为 B（top 20%），将个股投资者分歧指标最小的股票组合即主卖投资者的力量强于主买投资者的力量且两类投资者之间分歧程度最大的股票组合标记为 S（bottom 20%）；最后，在每个月，基于第一步骤和第二步骤，构建出了根据个股价格波动与个股投资者分歧指标进行两两交叉分组所形成的25个股票组合，并进一步对每一个股票组合使用等值加权方法计算所对应股票组合的组合超额收益率。各股票组合的组合超额收益率的基本统计特征，如表5-1所示。

表5-1　股票风险－收益关系研究的描述性统计

	Highest VOL	Next 20%	Next 20%	Next 20%	Lowest VOL	H-L	All Stocks
S（bottom 20%）	−0.073 0	−0.052 2	−0.041 7	−0.036 7	−0.033 9	−0.039 1	−0.237 4
Next 20%	−0.040 1	−0.026 6	−0.018 3	−0.015 6	−0.013 5	−0.026 6	−0.114 1
Next 20%	−0.014 6	−0.004 7	0.001 1	0.003 1	0.003 2	−0.017 8	−0.011 8
Next 20%	0.023 8	0.028 9	0.032 0	0.030 4	0.026 7	−0.002 8	0.141 9
B（top 20%）	0.100 1	0.101 1	0.097 3	0.087 5	0.073 7	0.026 4	0.459 7
S-B	−0.173 1	−0.153 3	−0.139 0	−0.124 2	−0.107 6	−0.065 5	−0.697 1
All Stocks	−0.003 7	0.046 5	0.070 4	0.068 8	0.056 2	−0.059 9	

注：在每个月，先依据个股价格波动指标对股票进行5等分分组，从个股价格波动最大的股票组合到个股价格波动最小的股票组合分别表示为"Highest VOL""Next 20%""Lowest VOL"，其中，"Highest VOL"代表着个股价格波动最大的股票组合；"Lowest VOL"代表着个股价格波动最小的股票组合。接着，继续独立地依据个股投资者分歧指标对股票进行5等分分组，从个股投资者分歧指标最小的股票组合到个股投资者分歧指标最大的股票组合分别表示为"S（bottom 20%）""Next 20%""B（top

20%）"，其中，"S（bottom 20%）"代表着主卖投资者的力量强于主买投资者的力量且两类投资者之间分歧程度最大的股票组合，也就是个股投资者分歧指标最小的股票组合；"B（top 20%）"则代表着主买投资者的力量强于主卖投资者的力量且两类投资者之间分歧程度最大的股票组合，也就是个股投资者分歧指标最大的股票组合。最终，依据个股价格波动指标以及个股投资者分歧指标对股票进行的两两交叉分组得到25个股票组合，其中，"H-L"代表着持有个股价格波动最大的股票而卖空个股价格波动最小的股票的股票组合；"S-B"代表着持有个股投资者分歧指标最小的股票而卖空个股投资者分歧指标最大的股票的股票组合；"All Stocks"代表着全体股票。本章后续表格中的项目名称均同以上含义。

表5-1报告了不同股票组合中组合超额收益率的平均值。由表5-1可以看出，若按照股票价格波动从大到小排序分为五等分，则组合超额收益率的平均值分别为 –0.003 7、0.046 5、0.070 4、0.068 8、0.056 2，这意味着股票组合的价格波动越小其组合的超额收益率大致上越大；若按照投资者分歧指标的数值从小到大排序分为五等分，则组合超额收益率的平均值分别为 –0.237 4、–0.114 1、–0.011 8、0.141 9、0.459 7，这意味着股票组合的投资者分歧指标越大其组合的超额收益率大致上越大。

5.3　个股投资者分歧与股票风险 – 收益关系

本小节采用二维分组和时间序列回归分析方法试图直接检验个股投资者分歧对股票风险 - 收益关系的影响。具体地，在每个月，先依据个股价格波动指标对股票进行5等分分组，接着，继续独立地依据个股投资者分歧指标对股票进行5等分分组，最终依据个股价格波动指标以及个股投资者分歧指标对股票进行的两两交叉分组得到25个股票组合，并使用等值加权的方法得到各股票组合相应的组合超额收益率。其中，Highest VOL 代表着个股价格波动最大的股票组合；Lowest VOL 代表着个股价格波动最小的股票组合；S（bottom 20%）代表着主卖投资者的力量强于主买投资者的力量且两类投资者之间分歧程度最大的股票组合，也就是个股投资者分歧指标最小的股票组合；B（top

20%）则代表着主买投资者的力量强于主卖投资者的力量且两类投资者之间分歧程度最大的股票组合，也就是个股投资者分歧指标最大的股票组合；H-L 代表着持有个股价格波动最大的股票而卖空个股价格波动最小的股票的股票组合；S-B 代表着持有个股投资者分歧指标最小的股票而卖空个股投资者分歧指标最大的股票的股票组合。进一步地，对于通过二维分组方法所构建的各股票组合，本书拟使用时间序列回归分析方法进行研究，其具体的回归模型为：

$$Rirf_{p,t} = \beta_p + \beta_{p,MKT} MKT_t + \beta_{p,SMB} SMB_t + \beta_{p,HML} HML_t + \varepsilon_{p,t} \qquad （5-1）$$

其中，$Rirf_{p,t}$ 为股票组合 p 在第 t 个月的组合超额收益率，MKT_t 是第 t 个月的市场超额收益率，SMB_t 是第 t 个月的规模因子，HML_t 是第 t 个月的账面市值比因子，$\varepsilon_{p,t}$ 为残差。

表5-2描述了根据个股价格波动和个股投资者分歧对股票进行二维分组所构建的25个股票组合的基准调整收益率（benchmark-adjusted returns）。正如表5-2最后一行的实证结果所示，在所有股票中风险 - 收益关系为负。在全体股票（All Stocks）中，从个股价格波动最大的股票组合到个股价格波动最小的股票组合的基准调整收益率分别为 −0.130 9、−0.080 3、−0.050 5、−0.044 4、−0.041 7，即股票组合的基准调整收益率均是负的并且随着个股价格波动的增加而单调递减，此外，在个股价格波动最大的股票组合的基准调整收益率和个股价格波动最小的股票组合的基准调整收益率之间的差异是 −0.089 2，其相应的 t 统计量是 −5.13。同时，由表5-2可以看出，在个股投资者分歧指标最小的股票（S）中，也就是在主买投资者和主卖投资者之间分歧程度最大并且主卖投资者的力量强于主买投资者的力量的股票中，从个股价格波动最大的股票组合到个股价格波动最小的股票组合的基准调整收益率分别为 −0.097 3、−0.076 4、−0.065 2、−0.058 3、−0.053 1，即股票组合的基准调整收益率均是负的并且随着个股价格波动的增加而单调递减，特别地，在个股价格波动最大的股票组合的基准调整收益率和个股价格波动最小的股票组合的基准调整收益率之间的差异是 −0.044 2，其相应的 t 统计量是 −11.53，这一实证结果意味着在个股投资

者分歧指标最小的股票（S）中，股票风险 - 收益关系是负向的。然而，在个股投资者分歧指标最大的股票（B）中，也就是在主卖投资者和主买投资者之间分歧程度最大并且主买投资者的力量强于主卖投资者的力量的股票中，从个股价格波动最大的股票组合到个股价格波动最小的股票组合的基准调整收益率分别为0.074 2、0.074 1、0.072 5、0.062 6、0.050 8，即股票组合的基准调整收益率均是正的并且随着个股价格波动的增加而单调递增，其中，在个股价格波动最大的股票组合的基准调整收益率和个股价格波动最小的股票组合的基准调整收益率之间的差异是0.023 4，其相应的 t 统计量是4.48，这一实证结果说明在个股投资者分歧指标最大的股票（B）中，股票风险 - 收益关系是正向的。由此可知，在个股投资者分歧指标最小的股票（S）和个股投资者分歧指标最大的股票（B）中的风险 - 收益关系是非对称的（asymmetry），并且，在个股投资者分歧指标最小的股票（S）中的负向的风险 - 收益关系强于在个股投资者分歧指标最大的股票（B）中的正向的风险 - 收益关系。在个股投资者分歧指标最小的股票（S）中的负的个股价格波动最大股票组合的基准调整收益率和个股价格波动最小股票组合的基准调整收益率之间的差异（highest-versus-lowest difference）的大小大致是在个股投资者分歧指标最大的股票（B）中的相应的正的差异大小的2倍。也就是说，个股投资者分歧指标最小的股票（S）中的负向波动效应和个股投资者分歧指标最大的股票（B）中的正向波动效应在强度上（strength）存在非对称性，从这一角度可以对股票预期收益与股票价格波动呈负相关这一金融异象进行解释。

　　总体而言，针对股票市场中所有股票时，股票预期收益与股票价格波动之间呈负相关关系，然而，在针对股票市场中个股投资者分歧指标最小的股票和个股投资者分歧指标最大的股票时，这两类股票的风险 - 收益关系是非对称的。在主买投资者和主卖投资者之间分歧程度最大并且主卖投资者的力量强于主买投资者的力量的股票中，即在个股投资者分歧指标最小的股票中，股票预期收益与股票价格波动之间是负向相关的；而在主卖投资者和主买投资者之间分歧程度最大并且主买投资者的力量强于主卖投资者的力量的股票中，即在个股投资者分歧指标最大的股票中，股票预期收益与股票价格波动之间存在着正相关关系；此外，个股投资者分歧指标最小股票中的负向风险－收益关系强于个股投资者分歧指标最大股票中的正向风险－收益关系。换言之，从个股投资者分歧视角可以解释股票风险－收益负相关这一金融异象。

表5-2 个股投资者分歧与股票风险－收益关系

	Highest VOL	Next 20%	Next 20%	Next 20%	Lowest VOL	H-L	All Stocks
S（bottom 20%）	−0.097 3 （−24.01）	−0.076 4 （−21.45）	−0.065 2 （−20.41）	−0.058 3 （−19.02）	−0.053 1 （−16.47）	−0.044 2 （−11.53）	−0.350 3 （−22.97）
Next 20%	−0.065 7 （−19.89）	−0.051 3 （−18.80）	−0.042 0 （−16.68）	−0.037 6 （−15.48）	−0.031 5 （−12.67）	−0.034 2 （−9.59）	−0.228 0 （−19.76）
Next 20%	−0.040 5 （−14.52）	−0.029 6 （−13.16）	−0.023 4 （−10.86）	−0.019 1 （−8.28）	−0.015 3 （−6.25）	−0.025 2 （−6.60）	−0.128 0 （−14.10）
Next 20%	−0.001 6 （−0.60）	0.002 8 （1.11）	0.007 6 （3.50）	0.008 0 （3.63）	0.007 4 （2.72）	−0.009 0 （−2.20）	0.024 2 （2.85）
B（top 20%）	0.074 2 （19.11）	0.074 1 （24.56）	0.072 5 （24.27）	0.062 6 （20.23）	0.050 8 （13.28）	0.023 4 （4.48）	0.334 3 （25.86）
S-B	−0.171 5 （−32.22）	−0.150 6 （−30.72）	−0.137 7 （−29.98）	−0.120 9 （−28.33）	−0.103 9 （−22.11）	−0.067 6 （−13.93）	−0.684 6 （−32.32）
All Stocks	−0.130 9 （−9.96）	−0.080 3 （−7.72）	−0.050 5 （−5.42）	−0.044 4 （−4.54）	−0.041 7 （−3.74）	−0.089 2 （−5.13）	

注：表格中圆括号内报告的是系数所对应的 t 统计量。

5.4 考虑公司规模的个股投资者分歧与股票风险－收益关系

公司规模既是影响股票收益的重要因素又是影响股票价格波动的重要因素，据此，本小节将在考虑股票公司规模的影响后，对个股层面的股票风险－收益关系与个股投资者分歧之间的关系进行研究，其具体研究方法如下。首先，本小节一致于已有的研究，将股票的流通市值定义为该股票所对应上市公司的公司规模；紧接着，依据前一个月的公司规模指标，本小节在每个月对股票样本采取从大到小的降序排列，即公司规模越小的股票的排位越靠后，并从整体股票样本中剔除公司规模小于一定阈值的股票样本，也就是剔除后 $p\%$ 的股票样本，此处，本小节分别剔除了公司规模后30%的 A 股和公司规模后70%的 A 股；最后，本小节在每个月对剔除了公司规模后 p% 的股票样本根据个股价格波动指标和个股投资者分歧指标采用二维分组方法得到25个股票组合，并接着对25个股票组合分别使用时间序列回归分析方法进行研究。也就是说，本小节依据股票的规模特征、个股价格波动指标和个股投资者分歧指标对股票样本进行三维分组，并分别对由此构建的不同的股票组合采用时间序列回归分析方法进行检验。根据此研究方法所得的实证结果如表5-3所示。

　　表5-3报告了按照股票的规模特征、个股价格波动以及个股投资者分歧指标对我国股票市场中的2 441只 A 股使用三维分组方法后所构建的各股票组合的基准调整收益率。表5-3的 Panel A 报告了剔除公司规模后30% 的股票样本后的实证结果，而表5-3的 Panel B 报告了剔除公司规模后70% 的股票样本后的实证结果。由表5-3的 Panel A 可以看出，在主卖投资者和主买投资者之间分歧程度最大且主买投资者的力量弱于主卖投资者的力量的股票中，也就是在个股投资者分歧指标最小的股票（S）中，个股价格波动最大的股票组合和个股价格波动最小的股票组合的基准调整收益率之间的差异是显著的并且是负向的（ –0.042 2，t 统计量 =–10.76）；在主买投资者和主卖投资者之间分歧程度最大且主卖投资者的力量弱于主买投资者的力量的股票中，也就是在个股投资者分歧指标最大的股票（B）中，个股价格波动最大的股票组合的基准调整收益率和个股价格波动最小的股票组合的基准调整收益率之间的差异是0.025 8（ t 统计量 =4.56）；此外，在全体股票（All Stocks）中，个股价格波动最大的股票组合和个股价格波动最小的股票组合的基准调整收益率之差是显著为负的（ –0.078 0，t 统计量 =–4.18）。换言之，在剔除了公司规模后30% 的股票后，股票风险 - 收益关系在个股投资者分歧指标最小的股票（S）中仍然是负向的；股票风险 - 收益关系在个股投资者分歧指标最大的股票（B）中也仍然是正向的；而股票预期收益与股票价格波动在全体股票（All Stocks）中也同样是负向相关的。类似的，在表5-3的 Panel B 中可以得到同样的结论。

表5-3 考虑公司规模的个股投资者分歧与股票风险－收益关系

	Highest VOL	Next 20%	Next 20%	Next 20%	Lowest VOL	H–L	All Stocks
Panel A：剔除30%小公司规模股票							
S（bottom 20%）	-0.093 7 (-22.29)	-0.075 4 (-20.73)	-0.064 8 (-19.83)	-0.057 1 (-18.14)	-0.051 4 (-15.87)	-0.042 2 (-10.76)	-0.342 4 (-22.07)
Next 20%	-0.062 7 (-18.45)	-0.049 4 (-17.22)	-0.041 8 (-16.73)	-0.036 5 (-14.10)	-0.030 6 (-12.08)	-0.032 1 (-8.43)	-0.221 0 (-19.08)
Next 20%	-0.036 4 (-12.60)	-0.026 6 (-11.59)	-0.021 7 (-10.25)	-0.017 6 (-7.38)	-0.012 8 (-5.08)	-0.023 6 (-5.57)	-0.115 2 (-13.63)
Next 20%	0.001 9 (0.64)	0.005 7 (2.22)	0.010 9 (4.78)	0.011 2 (4.92)	0.007 8 (2.91)	-0.005 9 (-1.29)	0.037 4 (4.53)
B（top 20%）	0.077 6 (17.92)	0.077 3 (23.92)	0.075 6 (23.98)	0.068 0 (21.39)	0.051 8 (13.03)	0.025 8 (4.56)	0.350 2 (26.28)
S–B	-0.171 3 (-29.90)	-0.152 6 (-29.32)	-0.140 3 (-28.98)	-0.125 1 (-28.05)	-0.103 2 (-21.48)	-0.068 1 (-13.13)	-0.692 6 (-31.58)
All Stocks	-0.113 3 (-8.27)	-0.068 5 (-6.64)	-0.041 8 (-4.58)	-0.032 0 (-3.32)	-0.035 3 (-3.17)	-0.078 0 (-4.18)	
Panel B：剔除70%小公司规模股票							
S（bottom 20%）	-0.089 3 (-20.93)	-0.075 0 (-19.91)	-0.060 3 (-17.91)	-0.056 5 (-16.72)	-0.044 7 (-14.00)	-0.044 6 (-9.78)	-0.325 9 (-21.98)
Next 20%	-0.056 1 (-15.79)	-0.047 6 (-14.64)	-0.038 8 (-15.03)	-0.033 2 (-10.84)	-0.027 4 (-10.35)	-0.028 6 (-6.64)	-0.203 1 (-18.13)
Next 20%	-0.027 2 (-7.72)	-0.015 7 (-5.99)	-0.018 4 (-7.66)	-0.012 7 (-5.09)	-0.008 6 (-3.27)	-0.018 6 (-3.73)	-0.082 6 (-10.09)
Next 20%	0.009 8 (2.71)	0.015 1 (5.72)	0.015 7 (5.67)	0.013 0 (5.12)	0.011 6 (3.80)	-0.001 8 (-0.34)	0.065 1 (7.75)
B（top 20%）	0.083 8 (15.70)	0.079 1 (18.14)	0.076 5 (21.12)	0.067 1 (17.06)	0.053 1 (12.00)	0.030 6 (4.64)	0.359 6 (23.33)
S–B	-0.173 1 (-24.47)	-0.154 1 (-24.99)	-0.136 8 (-25.43)	-0.123 6 (-23.33)	-0.097 9 (-18.92)	-0.075 3 (-11.36)	-0.685 5 (-28.49)
All Stocks	-0.079 1 (-5.68)	-0.044 0 (-4.20)	-0.025 3 (-2.77)	-0.022 4 (-2.19)	-0.016 1 (-1.37)	-0.063 0 (-3.06)	

注：表格中圆括号内报告的是系数所对应的 t 统计量。

综上所述，在考虑了公司规模的影响后，个股层面的股票风险-收益关系与个股投资者分歧之间的关系依然一致于之前的结论。

5.5　考虑发行年限的个股投资者分歧与股票风险－收益关系

有关股票发行年限与股票价格间关系的研究以及股票发行年限与股票价格波动间关系的研究一直是金融学研究中的热点，本小节拟对整体股票样本按照股票的发行年限特征、个股价格波动以及个股投资者分歧指标进行三维分组，并对不同的股票组合分别进行时间序列回归分析，以此研究在考虑股票发行年限的影响后，投资者分歧指标对个股层面的股票风险 - 收益关系的影响。具体的分析方法如下：首先，参考已有文献对股票发行年限的定义，本小节将股票的发行年限定义为该股票所对应公司从上市到数据截取时点的年数；接着，在每个月，根据上一个月的股票发行年限对股票样本中的2 441只 A 股进行降序排列，即股票发行年限越长的股票其排位越靠前，并从2 441只 A 股中剔除股票发行年限小于一定阈值的 A 股，也就是剔除后 $p\%$ 的 A 股；最后，本小节采用了与章节5.3一样的分析方法对剔除了股票发行年限后 $p\%$ 的股票样本进行了研究。其中，在本小节的研究中，分别剔除了股票发行年限后30%的 A 股以及股票发行年限后70% 的 A 股。表5-4报告了根据上述分析方法所得的实证结果。

表5-4描述了对股票基于股票的发行年限特征、个股价格波动和个股投资者分歧采用三维分组方法后所得到的25个不同股票组合的基准调整收益率。表5-4的 Panel A 和表5-4的 Panel B 均说明，股票风险 - 收益关系在全体股票（All Stocks）中是显著为负的，而股票预期收益与股票价格波动之间的关系在个股投资者分歧指标最小的股票（S）和个股投资者分歧指标最大的股票（B）中具有非对称性：在个股投资者分歧指标最小的股票（S）中，股票风险 - 收益关系是负向的；在个股投资者分歧指标最大的股票（B）中，股票预期收益与股票价格波动之间则存在着显著的正向关系。表5-4的 Panel A（表5-4的 Panel B）描述了剔除股票发行年限后30% 的 A 股后（剔除股票发行年限后70% 的 A 股后）的实证结果，具体地，在个股投资者分歧指标最小的股票（S）中，即

表5-4　考虑发行年限的个股投资者分歧与股票风险－收益关系

	Highest VOL	Next 20%	Next 20%	Next 20%	Lowest VOL	H–L	All Stocks
Panel A：剔除 30% 短发行年限股票							
S（bottom 20%）	−0.098 2 （−25.84）	−0.077 9 （−22.71）	−0.065 8 （−21.48）	−0.059 1 （−19.61）	−0.053 6 （−16.83）	−0.044 6 （−12.68）	−0.354 7 （−24.10）
Next 20%	−0.065 1 （−20.21）	−0.051 0 （−19.04）	−0.041 3 （−15.95）	−0.036 0 （−14.31）	−0.031 1 （−12.11）	−0.034 0 （−9.65）	−0.224 4 （−19.23）
Next 20%	−0.039 7 （−14.69）	−0.028 3 （−12.57）	−0.022 8 （−10.27）	−0.017 6 （−7.52）	−0.014 0 （−5.66）	−0.025 7 （−7.01）	−0.122 3 （−13.34）
Next 20%	−0.000 8 （−0.30）	0.003 1 （1.21）	0.007 9 （3.60）	0.008 4 （3.47）	0.007 2 （2.54）	−0.008 0 （−2.05）	0.025 9 （2.86）
B（top 20%）	0.073 8 （19.53）	0.073 7 （24.46）	0.071 4 （22.73）	0.063 0 （19.77）	0.049 9 （12.71）	0.024 0 （4.84）	0.331 9 （24.68）
S–B	−0.172 0 （−32.14）	−0.151 6 （−33.06）	−0.137 3 （−29.63）	−0.122 2 （−29.34）	−0.103 5 （−21.90）	−0.068 5 （−14.08）	−0.686 6 （−32.92）
All Stocks	−0.129 9 （−10.73）	−0.080 3 （−7.60）	−0.050 6 （−5.30）	−0.041 2 （−4.00）	−0.041 5 （−3.61）	−0.088 4 （−5.50）	
Panel B：剔除 70% 短发行年限股票							
S（bottom 20%）	−0.098 7 （−23.86）	−0.078 9 （−22.91）	−0.066 7 （−20.39）	−0.059 2 （−17.39）	−0.054 1 （−17.16）	−0.044 7 （−11.66）	−0.357 6 （−23.78）
Next 20%	−0.066 1 （−18.81）	−0.053 9 （−16.99）	−0.044 0 （−15.67）	−0.037 5 （−13.71）	−0.030 9 （−11.75）	−0.035 2 （−9.48）	−0.232 3 （−18.77）
Next 20%	−0.039 9 （−12.89）	−0.031 1 （−11.49）	−0.024 5 （−9.20）	−0.017 6 （−6.67）	−0.015 1 （−5.33）	−0.024 8 （−6.52）	−0.128 2 （−11.69）
Next 20%	−0.002 2 （−0.72）	0.002 7 （0.92）	0.006 8 （2.70）	0.007 4 （2.58）	0.006 6 （1.96）	−0.008 8 （−2.03）	0.021 2 （2.04）
B（top 20%）	0.065 7 （15.53）	0.071 8 （19.36）	0.070 5 （18.56）	0.063 1 （16.94）	0.051 1 （11.59）	0.014 6 （2.79）	0.322 1 （20.95）
S–B	−0.164 4 （−28.67）	−0.150 7 （−32.26）	−0.137 2 （−26.42）	−0.122 3 （−26.49）	−0.105 1 （−19.40）	−0.059 3 （−10.33）	−0.679 7 （−31.64）
All Stocks	−0.141 2 （−10.49）	−0.089 4 （−7.36）	−0.058 0 （−5.31）	−0.043 9 （−3.73）	−0.042 4 （−3.47）	−0.098 8 （−6.21）	

注：表格中圆括号内报告的是系数所对应的 t 统计量。

在主买投资者的力量弱于主卖投资者的力量同时主买投资者和主卖投资者之间分歧程度最大的股票之中，个股价格特质波动最大的股票组合和个股价格特质波动最小的股票组合的基准调整收益率之差是 –0.044 6（–0.044 7），其相应的 t 统计量是 –12.68（–11.66）；在个股投资者分歧指标最大的股票（B）中，即在主卖投资者的力量弱于主买投资者的力量同时主卖投资者和主买投资者之间分歧程度最大的股票之中，个股价格波动最大的股票组合和个股价格波动最小的股票组合的基准调整收益率之间的差异是0.024 0（0.014 6），相应的 t 统计量为4.84（2.79）；同样的，在全体股票（All Stocks）之中，个股价格波动最大的股票组合的基准调整收益率和个股价格波动最小的股票组合的基准调整收益率之间的差异为 –0.088 4（–0.098 8），t 统计量是 –5.50（–6.21）。

综上所述，在考虑了发行年限的影响后，投资者分歧对个股层面的股票风险 - 收益关系的影响仍然一致于之前的结论。

5.6　考虑机构持有权的个股投资者分歧与股票风险 – 收益关系

机构投资者不仅对股票价格有着重要影响，而且对股票价格波动也有着系统性影响。因此，本小节试图在考虑机构持有权的影响后研究个股层面的股票风险 - 收益关系与投资者分歧之间的关系，即本小节以股票的机构持有特征、个股价格波动指标和个股投资者分歧为根据对总体样本采用三维分组方法，并进一步分别对由此形成的25个股票组合使用时间序列回归分析进行检验，其具体检验方法如下。首先，本小节因为考虑到个股机构持有权只有季度数据，所以参考已有文献的处理方式由季度个股机构持有权数据算出经过调整后的月度个股机构持有权数据，也就是将经过调整后的月度个股机构持有权数据中的当月的月度个股机构持有权数据定义为离该月最近的季度所对应的季度个股机构持有权数据；接着，本小节在每个月参照前一个月的经过调整后的月度个股机构持有权指标对股票样本进行降序排列，并从中剔除机构持有权小于一定阈值的股票即剔除机构持有权后 p% 的 A 股，在本小节的研究中分别剔除了机构持有权后30% 的股票和机构持有权后70% 的股票；最后，利用一致于章节5.3的检验方法，本小节分别对剔除了机构持有权后30%的股票样本以及剔除了机构持有权后70%的股票样本进行分析。具体的研究结果由表5-5可知。

　　表5-5报告了对中国股票市场中的2 441只股票依据股票的机构持有特征、个股价格波动指标以及个股投资者分歧指标进行三维分组后所构建的不同股票组合的基准调整收益率，其中，表5-5的 Panel A 展示了剔除机构持有权后30%的股票后的各股票组合的基准调整收益率，表5-5的 Panel B 则展示了剔除机构持有权后70%的股票后的各股票组合的基准调整收益率。表5-5的 Panel A 表明，即使在剔除了机构持有权后30%的 A 股后，投资者分歧对股票风险－收益关系的作用仍然是稳健的。具体地，在主买投资者和主卖投资者之间分歧程度最大同时主卖投资者的力量强于主买投资者的力量的股票之中，即在个股投资者分歧指标最小的股票（S）之中，个股价格波动最大的股票组合的基准调整收益率和个股价格波动最小的股票组合的基准调整收益率之间的差异是负向显著的（ −0.043 7，t 统计量 =−11.89），这一结果说明股票预期收益与股票价格波动在个股投资者分歧指标最小的股票（S）之中的关系是负向相关的；在主卖投资者和主买投资者之间分歧程度最大同时主买投资者的力量强于主卖投资者的力量的股票之中，即在个股投资者分歧指标最大的股票（B）之中，个股价格特质波动最大的股票组合和个股价格特质波动最小的股票组合的基准调整收益率之差为0.024 8（t 统计量 =4.73），也就是说，股票风险－收益关系在个股投资者分歧指标最大的股票（B）之中是正向的；而对于全体股票（All Stocks）而言，个股价格波动最大的股票组合和个股价格波动最小的股票组合的基准调整收益率之间的差异是负向的并且是显著的（ −0.084 7，t 统计量 =−4.98），即在全体股票（All Stocks）之中，股票预期收益与股票价格波动之间呈负相关关系。同样，在剔除了机构持有权后70% 股票样本的 Panel B 中，可以得到类似的结果。

表5-5　考虑机构持有权的个股投资者分歧与股票风险 - 收益关系

	Highest VOL	Next 20%	Next 20%	Next 20%	Lowest VOL	H-L	All Stocks
Panel A：剔除30% 低机构持有权股票							
S（bottom 20%）	−0.096 1 (−24.74)	−0.077 0 (−22.04)	−0.063 9 (−20.70)	−0.057 3 (−18.48)	−0.052 4 (−16.51)	−0.043 7 (−11.89)	−0.346 7 (−23.47)
Next 20%	−0.064 2 (−19.27)	−0.051 0 (−19.00)	−0.040 4 (−16.27)	−0.036 0 (−14.62)	−0.030 0 (−11.52)	−0.034 2 (−8.93)	−0.221 7 (−19.42)
Next 20%	−0.038 0 (−13.66)	−0.028 0 (−12.28)	−0.021 8 (−10.00)	−0.017 5 (−7.67)	−0.014 5 (−6.17)	−0.023 6 (−6.20)	−0.119 8 (−13.64)
Next 20%	−0.000 4 (−0.13)	0.004 0 (1.52)	0.007 8 (3.57)	0.008 7 (3.73)	0.007 7 (2.84)	−0.008 1 (−1.97)	0.027 9 (3.26)
B（top 20%）	0.074 1 (18.74)	0.074 8 (23.37)	0.071 3 (23.72)	0.063 8 (20.53)	0.049 2 (12.40)	0.024 8 (4.73)	0.333 2 (25.20)
S-B	−0.170 2 (−30.97)	−0.151 8 (−31.00)	−0.135 1 (−29.33)	−0.121 0 (−26.94)	−0.101 7 (−21.24)	−0.068 5 (−13.73)	−0.679 8 (−31.76)
All Stocks	−0.124 7 (−9.87)	−0.077 2 (−7.37)	−0.047 0 (−5.10)	−0.038 3 (−3.94)	−0.040 0 (−3.56)	−0.084 7 (−4.98)	
Panel B：剔除70% 低机构持有权股票							
S（bottom 20%）	−0.095 4 (−22.03)	−0.074 5 (−21.58)	−0.062 4 (−18.72)	−0.055 1 (−16.71)	−0.048 6 (−15.53)	−0.046 8 (−11.10)	−0.335 9 (−22.67)
Next 20%	−0.062 3 (−17.57)	−0.047 4 (−15.71)	−0.037 6 (−13.78)	−0.033 6 (−12.27)	−0.027 3 (−9.36)	−0.035 0 (−8.12)	−0.208 3 (−18.28)
Next 20%	−0.032 4 (−9.70)	−0.024 7 (−9.20)	−0.021 4 (−8.21)	−0.013 1 (−4.74)	−0.010 2 (−3.79)	−0.022 2 (−4.87)	−0.101 9 (−10.92)
Next 20%	−0.001 3 (−0.43)	0.009 4 (3.50)	0.010 3 (3.81)	0.009 3 (3.90)	0.008 2 (2.88)	−0.009 5 (−2.17)	0.035 9 (4.29)
B（top 20%）	0.069 5 (14.61)	0.074 4 (18.20)	0.074 8 (22.75)	0.061 0 (15.28)	0.047 8 (11.43)	0.021 7 (3.43)	0.327 4 (23.71)
S-B	−0.164 8 (−25.66)	−0.148 9 (−26.58)	−0.137 2 (−26.48)	−0.116 1 (−22.99)	−0.096 3 (−20.24)	−0.068 5 (−11.21)	−0.663 3 (−30.05)
All Stocks	−0.121 9 (−8.93)	−0.062 8 (−5.92)	−0.036 3 (−3.77)	−0.031 5 (−3.10)	−0.030 1 (−2.62)	−0.091 8 (−4.88)	

注：表格中圆括号内报告的是系数所对应的 t 统计量。

综上所述，在考虑了机构持有权的影响后，股票风险 - 收益关系与个股投资者分歧指标之间的关系依然是稳健的。

5.7 本章小结

本章选取在上海市场和深圳市场上市的2 441只股票作为研究对象，检验了个股投资者分歧指标对个股层面的股票风险－收益关系的影响。

首先，本章采用第3章所构建的个股投资者分歧指标来描述股票层面的投资者分歧，并基于个股价格波动指标和个股投资者分歧指标对整体股票样本运用二维分组方法，进而采用时间序列回归分析方法对由此构建的各股票组合进行分析，以此直接研究投资者分歧对个股层面的股票风险－收益关系是否具有显著的作用。实证结果表明，股票风险－收益关系对于全体股票而言是显著为负的；对于个股投资者分歧指标最小的股票而言，也就是对主卖投资者的力量强于主买投资者的力量并且主买投资者和主卖投资者之间分歧程度最大的股票而言，股票风险－收益关系也是负向的；然而，对于个股投资者分歧指标最大的股票而言，即对主买投资者的力量强于主卖投资者的力量同时主卖投资者和主买投资者之间分歧程度最大的股票而言，股票风险－收益关系是显著为正的；特别地，个股投资者分歧指标最小股票中的负向风险－收益关系强于个股投资者分歧指标最大股票中的正向风险－收益关系。换言之，在这两类股票之中，股票风险－收益关系不管是在方向上还是在强度上均是非对称的，基于这一结果，本书可以解释股票预期收益与股票价格波动之间呈负相关这一金融异象。综上所述，个股投资者分歧对股票风险－收益关系具有显著的影响，并且从个股投资者分歧角度可以对股票的负向风险－收益关系进行解释。接着，因为考虑到公司和股票的特征变量也会对股票风险－收益关系产生影响，所以本章选取股票的规模特征、股票的发行年限特征和股票的机构持有特征作为不同的公司和股票特征，并以股票的公司特征、个股价格波动以及个股投资者分歧为依据对我国 A 股市场的2 441只股票进行三维分组，进一步对由此形成的不同股票组合分别进行时间序列回归分析，从而检验个股投资者分歧指标对个股层面的股票风险－收益关系的作用是否会受到公司和股票特征变量（股票的规模特征、股票的发行年限特征以及股票的机构持有特征）的影响。根据实证结果可知，即使在分别考虑了公司规模的影响、股票发行年限的影响和机构持有权的影响后，个股层面的股票风险 - 收益关系与投资者分歧之间的关系仍然是稳健的。

第6章　投资者分歧与股票特质
风险 – 收益关系

6.1　引言

股票的预期收益是否会受到特质波动（idiosyncratic volatility，IVOL）的影响？这一问题自首次提出以来就一直被广泛研究。

一致于经典资产定价理论，部分研究认为股票预期收益和股票价格特质波动（IVOL）之间不相关或者存在正相关关系（Chua et al.，2010；Fu，2009；Huang et al.，2010；Merton，1987；Miffre et al.，2013；Tinic et al.，1986；邓雪春 等，2011；熊伟 等，2015）。然而，Ang 等（2006）的研究结果却表明"高特质波动组合有低的预期收益，而低特质波动组合有高的预期收益"，这一结论违反了"高风险有高收益"这一金融风险定价逻辑，由此，学者们将这一金融现象称为"特质波动之谜"（idiosyncratic volatility puzzle）。Ang 等（2006）认为，学者们发现股票特质风险 - 收益关系为正向的原因在于，他们要么并未基于个股水平检验股票特质风险 - 收益关系，要么并未直接依据股票特质波动（IVOL）进行分类。自从 Ang 等（2006）这一重要研究以来，学者们发现"特质波动之谜"这一金融现象不管是在发达国家的股票市场还是在新兴国家的股票市场均是存在的，也就是说，Ang 等（2006）发现的"特质波动之谜"现象并非是特例，而是广泛存在的（Ang et al.，2009；Bley et al.，2012；Guo et al.，2006a；Jiang et al.，2009）。遗憾的是，相较于对股票特质风险 - 收益正相关的解释，针对股票特质风险 - 收益负相关的解释还有待进一步的丰富与完善。

目前，国内外学术界对于股票特质风险 - 收益负相关，即"特质波动之谜"的解释主要基于以下三个角度。首先，学者们试图从技术角度对股票特质风险 - 收益关系为负向做出解释（Bali et al.，2008；Bley et al.，2012；Huang et al.，2010）。如学者们认为选择 CAPM 模型、Fama-French 三因子模型还是 Fama-French-EGARCH 模型作为计算股票价格特质波动的方法会对股票特质风险与股票预期收益之间的关系造成影响。其次，学者们尝试基于公司和股票的特征变量角度解释"特质波动之谜"的存在（Bali et al.，2008；Boehme et al.，2009；Cao et al.，2013；Chen et al.，2012；Duan et al.，2010；Huang et al.，2010；Hueng et al.，2013；Vozlyublennaia，2013）。例如，Bali 等（2008）认为具有流动性差、规模小、价格低特征的股票对于股票特质风险 - 收益负相关这一现象有一定的影响。最后，从非理性因素角度对股票预期收益与股票价格特质波动之间负向相关的现象进行解释也是探讨"特质波动之谜"影响因素的一个主要方面（Bali et al.，2011；Bhootra et al.，2015；Boyer et al.，2010；Chabi-Yo，2011；Gu et al.，2018；Kang et al.，2014；Stambaugh et al.，2015）。比如，Bali 等（2011）考虑了投资者倾向于具有彩票特征股票的博彩心理与"特质波动之谜"之间的关系。Hou 等（2016）表明现存的所有解释仅仅只能解释个股"特质波动之谜"的29%~54%，这一研究结果意味着还有其他的因素会对股票预期收益与股票价格特质波动之间的关系造成影响。而由上述分析可知，基于非理性因素视角对股票特质风险 - 收益关系呈负向这一金融现象进行解释是具有重要意义的，同时，现有研究仅仅分析了部分非理性因素对个股"特质波动之谜"的影响。因此，从其他非理性因素角度对股票特质风险 - 收益关系展开研究是十分必要的。

投资者分歧是一个重要的非理性因素，且投资者分歧既对资产价格具有显著的作用，又对资产价格波动有着重要的影响。一方面，现有研究检验了投资者分歧与资产价格之间的关系。部分学者认为投资者分歧对资产收益有着显著的负向影响，这一观点在理论研究和实证研究两方面均得到了验证（Boehme et al.，2006；Chen et al.，2002；Diether et al.，2002；Gharghori et al.，2011；Miller，1977；Park，2005；Yu，2011；陈国进 等，2009；李冬昕 等，2014；李科 等，2015；王硕 等，2016）；不同于上述观点，部分学者发现投资者分歧与资产收益之间呈正相关关系，且已有文献也从理论分析和实证分析两方面对这一观点做出了解释（Carlin et al.，2014；Doukas et al.，2004；Garfinkel et al.，2006；Varian，1985）。另一方面，许多学者就投资者分歧对资产价格波动的影响展开了理论研究和实证研究，他们发现资产价格波动与投资者分歧之间的关系为正（Baker et al.，2016；Banerjee et al.，2010；Carlin et al.，2014；Daniel et al.，1998；Harrison et al.，1978；Hong et al.，2003；Miller，1977；Scheinkman et al.，2003；Shalen，1993；Zapatero，1998）。由此可知，投资者分歧对资产价格及资产价格波动都有重要的作用。受上述分析启发，本章尝试从投资者分歧这一角度入手对股票特质风险－收益关系进行讨论。

为了研究股票特质风险－收益关系与投资者分歧之间的关系，本章拟使用第3章所构建的个股投资者分歧指标来刻画股票层面的投资者分歧，并基于个股投资者分歧指标对个股层面的股票特质风险－收益关系进行分析。首先，本书试图直接检验个股投资者分歧指标对股票特质风险－收益关系的影响。因此，本书拟基于个股价格特质波动和个股投资者分歧指标对股票样本进行二维分组，进而使用时间序列回归分析方法对形成的不同的股票组合进行研究，以此探讨个股投资者分歧指标对股票特质风险－收益关系是否具有显著的作用。接着，考虑到公司和股票的特征变量也会对股票特质风险－收益关系造成影响，本书拟研究个股投资者分歧指标对股票特质风险－收益关系的作用是否会受到公司和股票特征变量的影响。基于此，本书选择股票的规模特征、股票的发行年限特征以及股票的机构持有特征来刻画不同的公司和股票特征，并按照个股价格特质波动、个股投资者分歧指标和股票的公司特征对我国股票市场的2 441只A股进行三维分组，进一步对由此形成的不同的股票组合利用时间序列回归分析方法进行检验，从而验证公司和股票的特征变量（规模特征、发行年限特征以及机构持有特征）是否会影响个股投资者分歧对股票特质风险 - 收益关系的作用。

6.2 数据

本小节同样从 RESSET 数据库和 Wind 数据库提取上证 A 股和深证 A 股的日度个股收盘价（$P_{i,\tau}$）、日度无风险收益率（$R_{f,\tau}$）、日度市场超额收益率（MKT_{τ}）、日度规模因子（SMB_{τ}）、日度账面市值比因子（HML_{τ}）、月度个股主买交易量（$BV_{i,t}$）、月度个股主卖交易量（$SV_{i,t}$）、月度个股自由流通股股数（$SO_{i,t}$）、月度个股收盘价（$P_{i,t}$）、月度无风险收益率（$R_{f,t}$）、月度市场超额收益率（MKT_t）、月度规模因子（SMB_t）、月度账面市值比因子（HML_t）、月度公司规模（$Size_{i,t}$）、月度公司年龄（$Age_{i,t}$）和月度个股机构持有权（$IO_{i,t}$）等指标，样本期为2005年4月至2016年3月，数据频率为月。股票样本为上交所和深交所的 A 股股票，并且剔除月交易数据小于30个月的股票，筛选后的股票样本为937只上证 A 股和1 504只深证 A 股，共2 441只股票。具体的分组步骤如下：首先，在每个月以个股价格特质波动指标为依据将股票样本等分为5组，其中，个股价格特质波动最大的股票组合被标记为 Highest IVOL，个股价格特质波动最小的股票组合被标记为 Lowest IVOL；接着，以第一个步骤为基础，在每个月独立地以个股投资者分歧指标为依据将股票样本等分为5组，其中，主买投资者和主卖投资者这两类投资者之间分歧程度最大且主买投资者的力量强于主卖投资者的力量的股票组合即个股投资者分歧指标最大的股票组合被标记为 B（top 20%），主卖投资者和主买投资者这两类投资者之间分歧程度最大且主卖投资者的力量强于主买投资者的力量的股票组合即个股投资者分歧指标最小的股票组合被标记为 S（bottom 20%）；最后，以第一个步骤和第二个步骤为基础，在每个月均构建出25个股票组合，特别地，这25个股票组合是按照个股价格特质波动与个股投资者分歧指标进行两两交叉分组所形成的，进一步地，对每个股票组合内的个股超额收益率使用等值加权方法计算出相应股票组合的组合超额收益率。表6-1分析了不同股票组合的组合超额收益率的基本统计特征。

表6-1　股票特质风险－收益关系研究的描述性统计

	Highest IVOL	Next 20%	Next 20%	Next 20%	Lowest IVOL	H-L	All Stocks
S（bottom 20%）	−0.079 6	−0.056 9	−0.043 4	−0.032 9	−0.019 6	−0.060 0	−0.232 3
Next 20%	−0.045 6	−0.028 5	−0.022 0	−0.015 8	−0.005 6	−0.039 9	−0.117 6
Next 20%	−0.019 9	−0.007 7	0.000 4	0.002 6	0.008 7	−0.028 7	−0.015 9
Next 20%	0.018 6	0.026 8	0.031 4	0.032 6	0.031 3	−0.012 6	0.140 8
B（top 20%）	0.091 6	0.097 2	0.094 4	0.091 0	0.088 6	0.003 1	0.463 2
S-B	−0.171 2	−0.154 1	−0.138 2	−0.123 9	−0.108 1	−0.063 1	−0.695 5
All Stocks	−0.034 8	0.030 9	0.061 2	0.077 5	0.103 4	−0.138 1	

注：在每个月，先依据个股价格特质波动指标对股票进行5等分分组，从个股价格特质波动最大的股票组合到个股价格特质波动最小的股票组合分别表示为"Highest IVOL""Next 20%""Lowest IVOL"，其中，"Highest IVOL"代表着个股价格特质波动最大的股票组合；"Lowest IVOL"代表着个股价格特质波动最小的股票组合。接着，继续独立地依据个股投资者分歧指标对股票进行5等分分组，从个股投资者分歧指标最小的股票组合到个股投资者分歧指标最大的股票组合分别表示为"S（bottom 20%）""Next 20%""B（top 20%）"，其中，"S（bottom 20%）"代表着主卖投资者的力量强于主买投资者的力量且两类投资者之间分歧程度最大的股票组合，也就是个股投资者分歧指标最小的股票组合；"B（top 20%）"则代表着主买投资者的力量强于主卖投资者的力量且两类投资者之间分歧程度最大的股票组合，也就是个股投资者分歧指标最大的股票组合。最终，依据个股价格特质波动指标以及个股投资者分歧指标对股票进行的两两交叉分组得到25个股票组合，其中，"H-L"代表着持有个股价格特质波动最大的股票而卖空个股价格特质波动最小的股票的股票组合；"S-B"代表着持有个股投资者分歧指标最小的股票而卖空个股投资者分歧指标最大的股票的股票组合；"All Stocks"代表着全体股票。本章后续表格中的项目名称均同以上含义。

表6-1描述了各股票组合的组合超额收益率的平均值。由表6-1的最后一行可以看出，若以股票价格特质波动为依据对股票样本进行降序排列并等分为5组，则组合超额收益率的平均值分别是 −0.034 8、0.030 9、0.061 2、0.077 5、0.103 4，这表明股票组合的价格特质波动越小所对应股票组合的超额收益率

大致上越大。由表6-1的最后一列可以看出，若以投资者分歧指标的数值为依据对股票样本进行升序排列并等分为5组，则组合超额收益率的平均值分别是 –0.232 3、–0.117 6、–0.015 9、0.140 8、0.463 2，这表明股票组合的投资者分歧指标越大所对应股票组合的超额收益率大致上越大。

6.3　个股投资者分歧与股票特质风险 – 收益关系

为了直接分析个股层面的投资者分歧对股票特质风险 - 收益关系的影响，本小节使用二维分组方法和时间序列回归分析方法进行了研究，具体的研究方法如下。首先，在每个月，根据个股价格特质波动指标和个股投资者分歧指标对所有股票进行二维分组得到25个股票组合，并进一步采用等值加权方法算出相应股票组合的组合超额收益率，其中，在每个月先以个股价格特质波动指标为根据对所有股票进行5等分，接着再独立地以个股投资者分歧指标为根据对股票进行5等分。特别，Highest IVOL 表示个股价格特质波动最大的股票组合；Lowest IVOL 表示个股价格特质波动最小的股票组合；S（bottom 20%）表示个股投资者分歧指标最小的股票组合，也就是主卖投资者和主买投资者之间分歧程度最大并且主卖投资者的力量强于主买投资者的力量的股票组合；B（top 20%）则表示个股投资者分歧指标最大的股票组合，也就是主买投资者和主卖投资者之间分歧程度最大并且主买投资者的力量强于主卖投资者的力量的股票组合；H-L 表示持有个股价格特质波动最大的股票而卖空个股价格特质波动最小的股票的股票组合；S-B 表示持有个股投资者分歧指标最小的股票而卖空个股投资者分歧指标最大的股票的股票组合。接着，在每个月通过二维分组方法构建出25个股票组合后，本书试图采用时间序列回归分析方法算出各股票组合的基准调整收益率并进行分析，具体地，计算各股票组合基准调整收益率的回归模型如式（5-1）所示。

表6-2报告了以个股价格特质波动指标和个股投资者分歧指标为依据对股票样本进行二维分组后所构建的各股票组合的基准调整收益率。由表6-2最后

一行的实证结果可知，股票特质风险-收益关系在全体股票中是显著为负的。对于全体股票（All Stocks），股票组合的基准调整收益率均是负的并且随着个股价格特质波动的增加而单调递减，具体地，从个股价格特质波动最大的股票组合到个股价格特质波动最小的股票组合的基准调整收益率分别为 –0.151 5、–0.088 7、–0.056 4、–0.040 2、–0.011 0，正如所预期的，在个股价格特质波动最大的股票组合的基准调整收益率和个股价格特质波动最小的股票组合的基准调整收益率之间的差异是显著为负的（–0.140 5，t 统计量 =–9.67）。而根据表6-2的实证结果可知，股票特质风险-收益关系在个股投资者分歧指标最小的股票（S）和个股投资者分歧指标最大的股票（B）中是非对称的（asymmetry）：股票预期收益与股票价格特质波动在个股投资者分歧指标最小的股票（S）中是负向相关的；股票预期收益与股票价格特质波动在个股投资者分歧指标最大的股票（B）中是不相关的。在主卖投资者的力量强于主买投资者的力量且主买投资者和主卖投资者之间分歧程度最大的股票之中，即在个股投资者分歧指标最小的股票（S）之中，股票组合的基准调整收益率均是负的并且随着个股价格特质波动的增加而单调递减，具体地，从个股价格特质波动最大的股票组合到个股价格特质波动最小的股票组合的基准调整收益率分别为 –0.101 7、–0.079 8、–0.066 0、–0.055 8、–0.042 2，其中，在个股价格特质波动最大的股票组合的基准调整收益率和个股价格特质波动最小的股票组合的基准调整收益率之间的差异是显著为负的（–0.059 5，t 统计量 =–18.58）；同时，在主买投资者的力量强于主卖投资者的力量且主卖投资者和主买投资者之间分歧程度最大的股票之中，即在个股投资者分歧指标最大的股票（B）之中，股票组合的基准调整收益率均是正的并且随着个股价格特质波动的增加而近似单调递增，具体地，从个股价格特质波动最大的股票组合到个股价格特质波动最小的股票组合的基准调整收益率分别为0.066 8、0.071 1、0.068 9、0.065 8、0.064 3，特别地，在个股价格特质波动最大的股票组合的基准调整收益率和个股价格特质波动最小的股票组合的基准调整收益率之间的差异是不显著的（0.002

5，t 统计量 =0.53）。此外，在个股投资者分歧指标最小的股票（S）中的显著为负的个股价格特质波动最大股票组合的基准调整收益率和个股价格特质波动最小股票组合的基准调整收益率之间的差异（highest-versus-lowest difference）的大小大概是在个股投资者分歧指标最大的股票（B）中的相应的不显著的差异大小的24倍，这一实证结果意味着个股投资者分歧指标最小的股票（S）中的负向的特质风险 - 收益关系和个股投资者分歧指标最大的股票（B）中的不显著的特质风险 - 收益关系在强度上（strength）也存在着非对称性。也就是说，基于在个股投资者分歧指标最小的股票（S）和个股投资者分歧指标最大的股票（B）中股票特质风险 - 收益关系在方向上和强度上具有非对称性这一实证结果，本书可以解释股票预期收益与股票价格特质波动负相关这一金融异象。

表6-2　个股投资者分歧与股票特质风险 - 收益关系

	Highest IVOL	Next 20%	Next 20%	Next 20%	Lowest IVOL	H-L	All Stocks
S（bottom 20%）	-0.101 7 (-25.14)	-0.079 8 (-21.97)	-0.066 0 (-20.21)	-0.055 8 (-18.28)	-0.042 2 (-15.58)	-0.059 5 (-18.58)	-0.345 6 (-22.37)
Next 20%	-0.068 2 (-21.44)	-0.051 3 (-19.08)	-0.044 9 (-17.09)	-0.038 6 (-16.22)	-0.028 0 (-12.50)	-0.040 3 (-13.82)	-0.230 9 (-20.07)
Next 20%	-0.043 1 (-16.88)	-0.031 2 (-13.72)	-0.022 8 (-10.31)	-0.020 3 (-9.27)	-0.013 8 (-6.13)	-0.029 3 (-9.52)	-0.131 2 (-14.32)
Next 20%	-0.005 3 (-1.83)	0.002 4 (1.09)	0.008 3 (3.71)	0.008 8 (3.95)	0.008 7 (3.66)	-0.014 0 (-3.70)	0.023 0 (2.63)
B（top 20%）	0.066 8 (16.11)	0.071 1 (22.91)	0.068 9 (21.92)	0.065 8 (20.81)	0.064 3 (22.94)	0.002 5 (0.53)	0.336 9 (26.49)
S-B	-0.168 6 (-30.38)	-0.151 0 (-29.18)	-0.134 9 (-27.82)	-0.121 6 (-27.02)	-0.106 5 (-29.19)	-0.062 0 (-13.08)	-0.682 5 (-31.93)
All Stocks	-0.151 5 (-11.99)	-0.088 7 (-9.30)	-0.056 4 (-5.90)	-0.040 2 (-4.15)	-0.011 0 (-1.11)	-0.140 5 (-9.67)	

注：表格中圆括号内报告的是系数所对应的 t 统计量。

综上所述，在全体股票中，股票特质风险 - 收益关系是显著为负的；在个股投资者分歧指标最小的股票之中，也就是在主卖投资者的力量强于主买投资者的力量同时主买投资者和主卖投资者之间分歧程度最大的股票之中，股票特

质风险 - 收益关系也是显著为负的；然而，在个股投资者分歧指标最大的股票之中，也就是在主买投资者的力量强于主卖投资者的力量同时主卖投资者和主买投资者之间分歧程度最大的股票之中，股票特质风险 - 收益关系是不显著的；同时，个股投资者分歧指标最小股票中的负向特质风险 - 收益关系强于个股投资者分歧指标最大股票中的不显著特质风险 - 收益关系。也就是说，股票特质风险 - 收益关系在个股投资者分歧指标最小的股票和个股投资者分歧指标最大的股票这两类股票中是非对称的。基于此，本书可以从个股投资者分歧指标的角度对"特质波动之谜"这一金融异象进行解释。

6.4 考虑公司规模的个股投资者分歧与股票特质风险 - 收益关系

公司规模对股票价格以及股票价格特质波动均有着重要的影响。由此，本小节将在考虑公司规模的影响后检验个股投资者分歧指标对个股层面的股票特质风险 - 收益关系的影响，具体检验方法如下。首先，本小节参考已有的研究使用股票的流通市值来度量该股票所对应上市公司的公司规模大小；接着，在每个月以前一个月的公司规模指标为根据对总体样本进行降序排列，并且从中剔除公司规模小于一定阈值的 A 股，即剔除后 p% 的 A 股，特别地，本小节分别剔除了后30% 的股票以及后70% 的股票；最后，本小节分别对剔除了公司规模后30% 的股票样本和剔除了公司规模后70% 的股票样本重复章节6.3的研究方法进行分析。综上，本小节对整体股票样本按照股票的规模特征、个股价格特质波动指标以及个股投资者分歧使用三维分组方法，进而对25个不同的股票组合分别进行时间序列回归分析，其具体的研究结果由表6-3可知。

表6-3展示了对我国股票市场中的2 441只 A 股基于股票的规模特征、个股价格特质波动和个股投资者分歧进行三维分组后所得到的不同股票组合的基准调整收益率。表6-3中 Panel A 的实证结果和表6-3中 Panel B 的实证结果都表明，在全体股票（All Stocks）之中，股票预期收益与股票价格特质波动之间是负向相关的；在个股投资者分歧指标最小的股票（S）之中，股票预期收益

和股票价格特质波动之间也具有显著的负相关关系；而在个股投资者分歧指标最大的股票（B）之中，股票特质风险 - 收益关系是不显著的。比如，表6-3的 Panel A 展示了剔除公司规模后30% 的 A 股后25个股票组合的基准调整收益率：对于全体股票（All Stocks）而言，个股价格特质波动最大的股票组合和个股价格特质波动最小的股票组合的基准调整收益率之间的差异是 −0.122 3，相应的 t 统计量为 -7.94；对于个股投资者分歧指标最小的股票（S）而言，即对于主卖投资者的力量强于主买投资者的力量同时主买投资者和主卖投资者之间分歧程度最大的股票而言，个股价格特质波动最大的股票组合和个股价格特质波动最小的股票组合的基准调整收益率之差是显著为负的（ −0.054 7，t 统计量 =−17.21）；而对于个股投资者分歧指标最大的股票（B）而言，也就是对于主买投资者和主卖投资者之间分歧程度最大并且主卖投资者的力量弱于主买投资者的力量的股票而言，个股价格特质波动最大的股票组合的基准调整收益率和个股价格特质波动最小的股票组合的基准调整收益率之间的差异为0.004 6（ t 统计量 =0.90）。同样的，表6-3的 Panel B 展示了剔除公司规模后70% 的股票后的实证结果，可以从中观察到一致的结论。

表6-3　考虑公司规模的个股投资者分歧与股票特质风险 − 收益关系

	Highest IVOL	Next 20%	Next 20%	Next 20%	Lowest IVOL	H−L	All Stocks
Panel A：剔除 30% 小公司规模股票							
S（bottom 20%）	−0.097 5 （−23.99）	−0.079 6 （−21.12）	−0.065 0 （−19.02）	−0.055 8 （−17.70）	−0.042 8 （−15.62）	−0.054 7 （−17.21）	−0.340 7 （−21.68）
Next 20%	−0.065 1 （−19.90）	−0.048 0 （−17.05）	−0.043 1 （−16.30）	−0.036 9 （−14.97）	−0.029 0 （−12.82）	−0.036 1 （−11.23）	−0.222 2 （−19.34）
Next 20%	−0.038 0 （−14.14）	−0.027 1 （−11.93）	−0.021 8 （−9.83）	−0.017 9 （−8.41）	−0.013 1 （−5.63）	−0.024 9 （−7.40）	−0.117 9 （−13.71）
Next 20%	−0.000 6 （−0.21）	0.005 3 （2.32）	0.010 8 （4.53）	0.010 5 （4.66）	0.010 6 （4.35）	−0.011 3 （−2.62）	0.036 6 （4.41）
B（top 20%）	0.070 6 （15.99）	0.074 4 （23.02）	0.073 6 （21.34）	0.068 9 （20.84）	0.066 0 （21.96）	0.004 6 （0.90）	0.353 5 （26.79）
S-B	−0.168 1 （−29.17）	−0.153 9 （−28.36）	−0.138 6 （−26.56）	−0.124 7 （−26.55）	−0.108 8 （−27.82）	−0.059 3 （−11.79）	−0.694 2 （−31.37）

表6-3（续）

	Highest IVOL	Next 20%	Next 20%	Next 20%	Lowest IVOL	H-L	All Stocks
All Stocks	−0.130 7 （−10.12）	−0.075 0 （−8.11）	−0.045 5 （−4.70）	−0.031 1 （−3.28）	−0.008 3 （−0.85）	−0.122 3 （−7.94）	
	Panel B：剔除 70% 小公司规模股票						
S（bottom 20%）	−0.092 5 （−22.71）	−0.079 8 （−20.48）	−0.062 5 （−17.82）	−0.053 4 （−15.79）	−0.041 5 （−15.33）	−0.051 1 （−14.10）	−0.329 8 （−21.83）
Next 20%	−0.059 6 （−16.45）	−0.045 2 （−14.76）	−0.034 1 （−11.40）	−0.033 0 （−11.63）	−0.029 1 （−11.93）	−0.030 5 （−7.69）	−0.201 0 （−17.48）
Next 20%	−0.026 8 （−8.64）	−0.015 1 （−6.09）	−0.015 6 （−6.53）	−0.010 5 （−4.27）	−0.013 8 （−4.92）	−0.013 0 （−3.09）	−0.081 7 （−10.20）
Next 20%	0.004 7 （1.27）	0.012 1 （4.48）	0.017 6 （6.41）	0.016 3 （6.00）	0.012 7 （4.58）	−0.008 1 （−1.61）	0.063 4 （7.70）
B（top 20%）	0.075 2 （14.48）	0.075 2 （17.15）	0.077 2 （19.33）	0.069 5 （17.42）	0.064 9 （18.35）	0.010 3 （1.47）	0.362 0 （23.48）
S−B	−0.167 7 （−24.98）	−0.155 0 （−23.53）	−0.139 7 （−24.65）	−0.122 9 （−22.13）	−0.106 4 （−25.08）	−0.061 3 （−9.83）	−0.691 8 （−28.82）
All Stocks	−0.099 1 （−7.57）	−0.052 8 （−5.59）	−0.017 4 （−1.81）	−0.011 2 （−1.12）	−0.006 6 （−0.63）	−0.092 5 （−5.37）	

注：表格中圆括号内报告的是系数所对应的 t 统计量。

综上所述，在考虑了公司规模的影响后，投资者分歧对个股层面的股票特质风险－收益关系的影响仍然是稳健的。

6.5 考虑发行年限的个股投资者分歧与股票特质风险－收益关系

因为股票发行年限不仅是影响股票价格的重要因素还是影响股票价格特质波动的重要因素，所以本小节试图在考虑股票发行年限的影响后分析个股层面的股票特质风险－收益关系和投资者分歧之间的关系。具体地，首先，一致于已有研究，本小节将股票所对应公司从上市到数据截取时点的年数定义为该股票的发行年限；紧接着，在每个月，参照前一期股票发行年限指标，对我国 A 股市场中的2 441只 A 股采取从大到小的降序排列，也就是股票发行年限越短的股票的排位越靠后，并从整体股票样本中剔除股票发行年限小于一定阈值的股票样本，即剔除股票发行年限后的股票样本，在本小节分别剔除了股票发行年限后30%的股票和股票发行年限后70%的股票；最后，一致于章节6.3的研究方法，对剔除了股票发行年限后30%的股票样本和剔除了股票发行年限后70%的股票样本分别进行了检验。换言之，本书依据股票的发行年限特征、个股价格特质波动指标以及个股投资者分歧指标对股票样本采用三维分组方法，并进一步分别对25个不同的股票组合使用时间序列回归分析方法进行分析，根据此研究方法所得的实证结果如表6-4所示。

表6-4报告了根据股票的发行年限特征、个股价格特质波动以及个股投资者分歧对中国股票市场中的2 441只股票进行三维分组后所构建的25个股票组合的基准调整收益率。其中，表6-4的Panel A描述了剔除股票发行年限后30%的A股后的实证结果，而表6-4的Panel B则描述了剔除股票发行年限后70%的A股后的实证结果。表6-4的Panel A证明投资者分歧指标对股票特质风险 - 收益关系的作用即使在剔除了股票发行年限后30%的股票样本后仍然是稳健的，具体实证结果如下。在主卖投资者和主买投资者之间分歧程度最大同时主卖投资者的力量强于主买投资者的力量的股票之中，也就是在个股投资者分歧指标最小的股票（S）之中，个股价格特质波动最大的股票组合的基准调整收益率和个股价格特质波动最小的股票组合的基准调整收益率之间的差异是显著为负的（–0.060 9，t统计量 =–21.12），即股票特质风险 - 收益关系对于个股投资者分歧指标最小的股票（S）而言是负向的；在主卖投资者的力量弱于主买投资者的力量且主卖投资者和主买投资者之间分歧程度最大的股票之中，即在个股投资者分歧指标最大的股票（B）之中，个股价格特质波动最大的股票组合和个股价格特质波动最小的股票组合的基准调整收益率之差是0.002 3（t统计量 =0.49），这一实证结果表明股票预期收益与股票价格特质波动对于个股投资者分歧指标最大的股票（B）而言是不相关的；在全体股票（All Stocks）之中，个股价格特质波动最大的股票组合的基准调整收益率和个股价格特质波动最小的股票组合的基准调整收益率之差是负的（–0.140 7，t统计量 =–10.39），也就

是说，股票特质风险－收益关系对于全体股票（All Stocks）而言是显著为负的。类似的，在剔除了股票发行年限后70%股票的 Panel B 中得到了同样的结论。

表6-4　考虑发行年限的个股投资者分歧与股票特质风险－收益关系

	Highest IVOL	Next 20%	Next 20%	Next 20%	Lowest IVOL	H-L	All Stocks
Panel A：剔除 30% 短发行年限股票							
S（bottom 20%）	−0.103 5 (−26.87)	−0.080 9 (−24.03)	−0.066 4 (−21.45)	−0.056 1 (−18.57)	−0.042 5 (−15.46)	−0.060 9 (−21.12)	−0.349 4 (−23.43)
Next 20%	−0.067 5 (−21.98)	−0.050 8 (−19.12)	−0.043 6 (−16.84)	−0.038 2 (−15.06)	−0.027 4 (−11.70)	−0.040 1 (−14.11)	−0.227 4 (−19.64)
Next 20%	−0.041 8 (−16.68)	−0.029 9 (−13.72)	−0.022 6 (−9.81)	−0.019 3 (−8.62)	−0.012 8 (−5.35)	−0.029 0 (−10.00)	−0.126 4 (−13.37)
Next 20%	−0.003 7 (−1.30)	0.002 5 (1.08)	0.008 7 (3.71)	0.009 4 (3.97)	0.009 3 (3.75)	−0.013 1 (−3.59)	0.026 2 (2.83)
B（top 20%）	0.066 2 (15.86)	0.071 2 (22.69)	0.066 6 (20.95)	0.065 9 (19.89)	0.063 9 (21.51)	0.002 3 (0.49)	0.333 7 (25.28)
S-B	−0.169 6 (−30.46)	−0.152 2 (−30.09)	−0.133 0 (−28.02)	−0.121 9 (−27.72)	−0.106 4 (−28.59)	−0.063 2 (−13.25)	−0.683 1 (−32.53)
All Stocks	−0.150 3 (−12.41)	−0.087 9 (−9.62)	−0.057 3 (−5.95)	−0.038 3 (−3.70)	−0.009 6 (−0.91)	−0.140 7 (−10.39)	
Panel B：剔除 70% 短发行年限股票							
S（bottom 20%）	−0.104 5 (−26.01)	−0.081 1 (−25.23)	−0.069 2 (−19.85)	−0.055 4 (−17.16)	−0.043 1 (−15.13)	−0.061 4 (−18.37)	−0.353 3 (−23.46)
Next 20%	−0.069 2 (−19.54)	−0.056 2 (−18.56)	−0.045 3 (−16.46)	−0.039 7 (−14.40)	−0.028 2 (−10.95)	−0.041 0 (−11.76)	−0.238 6 (−19.19)
Next 20%	−0.045 0 (−15.37)	−0.031 7 (−11.96)	−0.023 9 (−9.25)	−0.019 3 (−7.10)	−0.011 5 (−4.67)	−0.033 5 (−12.01)	−0.131 4 (−12.03)
Next 20%	−0.003 8 (−1.20)	0.002 8 (0.97)	0.009 0 (3.19)	0.009 2 (3.47)	0.010 2 (3.71)	−0.014 1 (−4.02)	0.027 3 (2.55)
B（top 20%）	0.059 7 (13.03)	0.069 4 (18.66)	0.064 1 (17.07)	0.064 6 (16.34)	0.063 6 (17.30)	−0.003 9 (−0.84)	0.321 4 (20.69)
S-B	−0.164 2 (−27.26)	−0.150 5 (−30.65)	−0.133 3 (−24.45)	−0.120 0 (−24.66)	−0.106 7 (−26.40)	−0.057 5 (−10.80)	−0.674 7 (−31.33)
All Stocks	−0.162 8 (−12.46)	−0.096 8 (−8.72)	−0.065 4 (−5.98)	−0.040 7 (−3.55)	−0.008 9 (−0.76)	−0.153 9 (−11.77)	

注：表格中圆括号内报告的是系数所对应的 t 统计量。

综上所述，在考虑了发行年限的影响后，个股层面的股票特质风险 - 收益关系与个股投资者分歧之间的关系依然是稳健的。

6.6　考虑机构持有权的个股投资者分歧与股票特质风险 - 收益关系

有关于机构投资者和股票收益之间关系的研究以及机构投资者和股票价格特质波动之间关系的研究一直以来都是金融学研究中的热点问题，本小节因此拟对股票样本根据股票的机构持有特征、个股价格特质波动和个股投资者分歧指标进行三维分组，并对由此构建的不同的股票组合分别进行时间序列回归分析，从而检验在考虑机构持有权的影响后，个股投资者分歧指标对股票特质风险 - 收益关系的作用。具体的分析方法如下：首先，考虑到个股机构持有权只有季度数据，本小节根据已有研究通过季度个股机构持有权数据得到经过调整后的月度个股机构持有权数据的处理方法，使用离当月最近的季度所对应的季度个股机构持有权数据来度量该股票经过调整后的月度个股机构持有权数据中的该月的月度个股机构持有权数据；接着，在每个月，本小节依据上一期经过调整后的月度个股机构持有权指标对股票样本进行从大到小的降序排列，并进一步从总体样本中剔除机构持有权小于一定阈值的 A 股，也就是剔除后 $p\%$ 的股票；最后，本小节采用与章节6.3相同的分析方法对剔除了机构持有权后的样本进行了检验。特别地，本小节分别剔除了机构持有权后30% 的股票以及机构持有权后70% 的股票。表6-5报告了根据上述分析方法所得的实证结果。

表6-5展示了基于股票的机构持有特征、个股价格特质波动指标和个股投资者分歧指标对总体股票样本使用三维分组方法所得到的25个不同股票组合的基准调整收益率。表6-5的 Panel A（表6-5的 Panel B）展示了剔除机构持有权后30% 的股票样本后（剔除机构持有权后70% 的股票样本后）不同股票组合的基准调整收益率，其实证结果证明投资者分歧指标对股票特质风险 - 收益关系的影响在考虑了机构持有权的作用后依然是稳健的：股票特质风险 - 收益关系对于个股投资者分歧指标最小的股票（S）而言是显著为负的；股票特质风

表6-5 考虑机构持有权的个股投资者分歧与股票特质风险－收益关系

	Highest IVOL	Next 20%	Next 20%	Next 20%	Lowest IVOL	H－L	All Stocks
Panel A：剔除 30% 低机构持有权股票							
S（bottom 20%）	-0.101 6 (-26.21)	-0.079 1 (-22.83)	-0.065 4 (-20.88)	-0.054 2 (-17.99)	-0.042 1 (-15.93)	-0.059 5 (-19.17)	-0.342 5 (-23.13)
Next 20%	-0.066 4 (-21.51)	-0.050 9 (-18.89)	-0.041 8 (-16.13)	-0.038 0 (-14.60)	-0.026 9 (-11.75)	-0.039 5 (-13.45)	-0.224 0 (-19.56)
Next 20%	-0.040 5 (-15.48)	-0.029 4 (-13.40)	-0.021 6 (-9.88)	-0.019 6 (-9.04)	-0.012 3 (-5.34)	-0.028 2 (-8.71)	-0.123 5 (-13.83)
Next 20%	-0.002 8 (-0.98)	0.001 7 (0.76)	0.010 2 (4.52)	0.009 5 (4.24)	0.009 3 (3.75)	-0.012 1 (-3.17)	0.027 9 (3.17)
B（top 20%）	0.067 0 (16.25)	0.069 2 (20.87)	0.069 0 (21.52)	0.064 9 (20.05)	0.064 9 (22.19)	0.002 1 (0.44)	0.335 1 (25.68)
S-B	-0.168 6 (-30.47)	-0.148 4 (-29.01)	-0.134 4 (-27.10)	-0.119 1 (-25.98)	-0.107 0 (-28.73)	-0.061 7 (-12.77)	-0.677 5 (-31.78)
All Stocks	-0.144 3 (-11.63)	-0.088 5 (-9.28)	-0.049 6 (-5.43)	-0.037 4 (-3.80)	-0.007 2 (-0.72)	-0.137 1 (-9.50)	
Panel B：剔除 70% 低机构持有权股票							
S（bottom 20%）	-0.098 9 (-23.67)	-0.075 1 (-21.83)	-0.064 3 (-19.29)	-0.050 6 (-16.16)	-0.041 2 (-14.46)	-0.057 7 (-16.83)	-0.330 0 (-22.39)
Next 20%	-0.064 7 (-18.57)	-0.045 0 (-15.27)	-0.039 0 (-12.58)	-0.035 7 (-14.17)	-0.025 7 (-10.11)	-0.039 1 (-10.45)	-0.210 2 (-18.20)
Next 20%	-0.034 9 (-10.50)	-0.024 7 (-9.51)	-0.017 3 (-7.73)	-0.013 7 (-4.73)	-0.013 5 (-5.59)	-0.021 4 (-5.38)	-0.104 2 (-11.15)
Next 20%	-0.002 1 (-0.58)	0.003 0 (1.10)	0.011 3 (4.00)	0.011 0 (4.25)	0.012 2 (4.31)	-0.014 2 (-2.87)	0.035 4 (3.94)
B（top 20%）	0.061 8 (12.46)	0.069 5 (17.74)	0.073 4 (20.44)	0.062 4 (18.88)	0.060 0 (17.91)	0.001 8 (0.33)	0.327 0 (23.95)
S-B	-0.160 7 (-24.98)	-0.144 6 (-26.95)	-0.137 7 (-25.11)	-0.113 0 (-23.49)	-0.101 1 (-24.39)	-0.059 5 (-10.35)	-0.657 0 (-30.09)
All Stocks	-0.138 8 (-10.30)	-0.072 3 (-7.41)	-0.035 9 (-3.92)	-0.026 6 (-2.77)	-0.008 2 (-0.78)	-0.130 6 (-8.07)	

注：表格中圆括号内报告的是系数所对应的 t 统计量。

险—收益关系对于个股投资者分歧指标最大的股票（B）而言则是不显著的；同时，对于全体股票（All Stocks）而言，股票预期收益和股票价格特质波动之间的关系是负向相关的。具体地，由表6-5的 Panel A（表6-5的 Panel B）可知，在全体股票（All Stocks）中，个股价格特质波动最大的股票组合和个股价格特质波动最小的股票组合的基准调整收益率之差为 -0.137 1（-0.130 6），相应的 t 统计量为 -9.50（-8.07）；对于个股投资者分歧指标最小的股票（S），也就是对于主买投资者的力量弱于主卖投资者的力量并且主卖投资者和主买投资者之间分歧程度最大的股票，个股价格特质波动最大的股票组合的基准调整收益率和个股价格特质波动最小的股票组合的基准调整收益率之间的差异是 -0.059 5（-0.057 7），t 统计量是 -19.17（-16.83）；同时，对于个股投资者分歧指标最大的股票（B），即对于主卖投资者和主买投资者之间分歧程度最大且主买投资者的力量强于主卖投资者的力量的股票，个股价格特质波动最大的股票组合的基准调整收益率和个股价格特质波动最小的股票组合的基准调整收益率之差是0.002 1（0.001 8），对应的 t 统计量为0.44（0.33）。

综上所述，在考虑了机构持有权的影响后，个股投资者分歧指标对个股层面的股票特质风险 - 收益关系的作用仍然一致于之前的结论。

6.7 本章小结

本章运用二维分组方法、三维分组方法和时间序列回归分析方法，研究了投资者分歧对个股层面的股票特质风险 - 收益关系的影响。特别地，本章以2005年4月至2016年3月中国 A 股市场的2 441只股票为样本。

首先，本章使用第3章所构建的个股投资者分歧指标来度量个股层面的投资者分歧，并对中国股票市场的2 441只 A 股根据个股价格特质波动和个股投资者分歧进行二维分组，进而分别运用时间序列回归分析方法对由此得到的不同股票组合进行检验，从而直接探讨个股投资者分歧指标对个股层面的股票特质风险 - 收益关系的影响。基于实证结果可知，股票预期收益与股票价格特质波动在针对股票市场中所有股票时呈负相关关系，而股票特质风险 - 收益关系在针对个股投资者分歧指标最小的股票和个股投资者分歧指标最大的股票这两类不同的股票时具有非对称性。在针对主买投资者和主卖投资者之间分歧程度最大并且主卖投资者的力量强于主买投资者的力量的股票时，即在针对股票市场中个股投资者分歧指标最小的股票时，股票预期收益和股票价格特质波动之间存在着负相关关系；而在针对主卖投资者和主买投资者之间分歧程度最大并且主买投资者的力量强于主卖投资者的力量的股票时，也就是在针对股票市场中个股投资者分歧指标最大的股票时，股票预期收益与股票价格特质波动之间是不相关的；同时，个股投资者分歧指标最小股票中的负向特质风险－收益关系在强度上强于个股投资者分歧指标最大股票中的不显著的特质风险－收益关系。换言之，股票特质风险－收益关系在这两类股票之中是非对称的，本书通过这一实证结果可以对负向的特质风险－收益关系进行解释。总体而言，投资者分歧指标对个股层面的股票特质风险－收益关系有着显著的影响，并且基于投资者分歧视角可以对股票市场的"特质波动之谜"进行解释。紧接着，为了避免公司和股票的特征变量会影响上述实证结果，本章按照股票的公司特征、个股价格特质波动指标和个股投资者分歧指标对股票样本使用三维分组方法，并进一步分别对由此构建的各股票组合进行时间序列回归分析，以此研究股票的公司特征是否会影响股票特质风险－收益关系与个股投资者分歧指标之间的关系。其中，本章考虑的公司和股票的特征变量是股票的规模特征、股票的发行年限特征以及股票的机构持有特征。实证结果显示，投资者分歧对个股层面的股票特质风险－收益关系的作用在分别考虑了公司规模的影响、股票发行年限的影响以及机构持有权的影响后依然是稳健的。

第7章 结 论

近年来，从行为金融学角度对金融市场展开研究逐渐成为学术界研究的热点。因为我国股票市场具有制度不完善、市场有效性不高、以散户为股票市场主要参与者、投资者理念不成熟等特点，所以，相较于西方发达国家的股票市场，从非理性因素的视角对我国股票市场这一新兴资本市场展开研究更为符合我国股票市场的特点并且具有重要的理论意义和现实意义。因此，本书结合Shiller（2011，2014）的人性金融观点，延续 Ang 等（2006，2009）、Brandt 等（2010）、Stambaugh 等（2015）、Yu 等（2011）等学者的研究和分析逻辑，以2005年4月至2016年3月我国股票市场的2 441只 A 股为研究对象，构建基于个股投资者拥挤交易行为指标的个股投资者分歧指标，并进一步从实证层面检验个股投资者分歧指标对股票价格波动、股票价格特质波动、股票风险 - 收益关系以及股票特质风险 - 收益关系的影响。本书的结论可以分为以下几个方面：

（1）个股投资者分歧与个股价格波动。为了研究个股层面的投资者分歧对股票价格波动的影响，本书首先分别构建了能够度量股票层面的所有投资者（包含机构投资者和散户投资者）的主买拥挤交易程度的个股投资者主买拥挤交易行为指标和能够度量股票层面的所有投资者（包含机构投资者和散户投资者）的主卖拥挤交易程度的个股投资者主卖拥挤交易行为指标，并进一步以已构建的个股投资者拥挤交易行为指标（个股投资者主买拥挤交易行为指标和个股投资者主卖拥挤交易行为指标）为基础，构建了股票层面的不仅能够度量主买投资者和主卖投资者在股票市场中真实行为上的分歧而且能够反映主买投资者和主卖投资者在股票市场中真实想法上的分歧的个股投资者分歧指标。其次，本书使用 Fama-MacBeth 横截面回归分析方法检验个股投资者分歧指标对个股价格波动的横截面影响，并进一步考虑股票的不同特征（股票的规模特征、股票的发行年限特征以及股票的机构持有特征）是否会影响个股投资者分歧与个股价格波动之间的关系。相关实证结果表明：个股投资者分歧指标的滞后值对个股价格波动具有显著的横截面影响；这一影响是非线性的并且这一非线性的影响和滞后的个股投资者分歧指标所处的状态有紧密联系；当个股投资者分歧的滞后值为负数时，个股价格波动与滞后的投资者分歧指标之间是负相关关系；当滞后的个股投资者分歧为正数时，个股价格波动与投资者分歧指标的滞后值之间是正相关关系；个股价格波动与滞后的个股投资者分歧指标之间的关系在两种状态下的差异是显著的；滞后的个股投资者分歧指标与个股价格波动之间的关系不会受到股票不同特征的影响（公司规模的影响、股票发行年限的影响和机构持有权的影响）。最后，为了更加深入地说明个股投资者分歧指标对个股价格波动的非线性影响与个股投资者分歧指标所处的不同状态有关，本书采用 Fama-MacBeth 横截面回归分析方法分别研究个股投资者主买拥挤交易行为指标的滞后值与个股价格波动的横截面效应以及个股投资者主卖拥挤交易行为指标的滞后值与个股价格波动的横截面效应，同时，进一步分析上述横截面效应是否会受到股票的规模特征、股票的发行年限特征和股票的机构持有特征的影响。实证结果显示：个股价格波动与滞后的个股投资者主买拥挤交易行为指标之间呈正向关系，从而侧面验证了在个股投资者分歧指标的滞后值大于零的状态下，滞后的个股投资者分歧指标对个股价格波动具有显著的正向影响这一结论；个股投资者主卖拥挤交易行为指标的滞后值与个股价格波动之间呈稳健的正向关系，从而侧面验证了在滞后的个股投资者分歧指标小于零的状态下，个股投资者分歧指标的滞后值对个股价格波动具有显著的负向影响这一结论；在分别考虑了公司规模的影响、股票发行年限的影响以及机构持有权的影响后，上述实证结果仍然一致于之前的结论。

（2）个股投资者分歧与个股价格特质波动。自 Campbell 等（2001）的研究以来，有关股票价格特质波动的相关研究渐渐成为金融学领域的热点问题。因为个股投资者分歧对个股价格波动有着显著的影响，所以本书试图进一步探讨股票层面的投资者分歧对个股价格特质波动的作用。首先，本书运用 Fama-MacBeth 横截面回归分析方法研究了个股投资者分歧的滞后值与个股价格特质波动之间的关系，进而检验两者之间的关系是否会受到股票的规模特征、股票的发行年限特征以及股票的机构持有特征等股票不同特征的影响。结果表明：滞后的个股投资者分歧指标对个股价格特质波动有着系统性影响；这一影响是非线性的，同时，这一影响与个股投资者分歧指标的滞后值所处的状态有关；在滞后的个股投资者分歧指标是负数的状态下，个股投资者分歧指标的滞后值与个股价格特质波动呈负相关关系；在滞后的个股投资者分歧指标是正数的状态下，个股投资者分歧指标的滞后值与个股价格特质波动则呈正相关关系；个股投资者分歧指标的滞后值与个股价格特质波动之间的关系在两种不同状态下的差异是显著的；上述实证结果在分别考虑了股票不同特征的影响（公司规模的影响、股票发行年限的影响和机构持有权的影响）后，依然是稳健的。接着，本书分别通过 Fama-MacBeth 横截面回归分析方法检验滞后的个股投资者主买拥挤交易行为指标和滞后的个股投资者主卖拥挤交易行为指标对个股价格特质波动的影响，从而侧面验证滞后的个股投资者分歧指标对个股价格特质波动的非线性影响与滞后的个股投资者分歧指标所处的不同状态有关联，并进一步考虑股票的不同特征（股票的规模特征、股票的发行年限特征和股票的机构持有特征）是否会影响上述横截面效应。由实证结果可知：滞后的个股投资者主买拥挤交易行为指标对个股价格特质波动有着显著的正向影响，由此侧面验证了在个股投资者分歧指标的滞后值大于零的状态下，个股价格特质波动与滞后的个股投资者分歧指标之间是显著的正向关系这一结论；滞后的个股投资者主卖拥挤交易行为指标对个股价格特质波动有着显著的正向影响，由此侧面验证了在个股投资者分歧指标的滞后值小于零的状态下，个股价格特质波动与滞后的个股投资者分歧指标之间是显著的负向关系这一结论；股票的规模特征、股票的发行年限特征和股票的机构持有特征等股票不同特征不会对上述实证结果造成影响。

（3）个股投资者分歧与股票风险 - 收益关系。鉴于个股投资者分歧指标对股票价格和股票价格波动均有着重要影响，进一步地，本书试图分析个股投资者分歧指标是否会对股票风险 - 收益关系造成影响。首先，本书针对我国2 441只A股检验其风险 - 收益关系，并对我国股票市场的2 441只A股根据个股价格波动和个股投资者分歧进行二维分组，进而分别运用时间序列回归分析方法对由此得到的不同股票组合进行检验，从而直接探讨个股投资者分歧指标对个股层面的股票风险 - 收益关系的影响。基于实证结果可知：股票预期收益与股票价格波动在针对股票市场中所有股票时呈负相关关系；股票风险 - 收益关系在针对个股投资者分歧指标最小的股票和个股投资者分歧指标最大的股票这两类不同的股票时具有非对称性；在针对主买投资者和主卖投资者之间分歧程度最大并且主卖投资者的力量强于主买投资者的力量的股票时，即在针对股票市场中个股投资者分歧指标最小的股票时，股票预期收益和股票价格波动之间存在着负相关关系；在针对主卖投资者和主买投资者之间分歧程度最大并且主买投资者的力量强于主卖投资者的力量的股票时，也就是在针对股票市场中个股投资者分歧指标最大的股票时，股票预期收益与股票价格波动之间是正相关关系；个股投资者分歧指标最小股票中的负向风险 - 收益关系强于个股投资者分歧指标最大股票中的正向风险 - 收益关系。也就是说，在这两类股票之中股票风险 - 收益关系在方向和强度上具有非对称性，基于这一角度可以对股票预期收益与股票价格波动呈负相关这一金融异象进行解释。接着，为了避免公司和股票的特征变量会影响上述实证结果，本书按照股票的公司特征、个股价格波动指标和个股投资者分歧指标对股票样本使用三维分组方法，并进一步分别对由此构建的各股票组合进行时间序列回归分析。其中，本书考虑的公司和股票的特征变量是股票的规模特征、股票的发行年限特征以及股票的机构持有特征。实证结果显示，投资者分歧对个股层面的股票风险 - 收益关系的作用在分别考虑了公司规模的影响、股票发行年限的影响以及机构持有权的影响后依然是稳健的。总体而言，投资者分歧指标对个股层面的股票风险 - 收益关系有着显著的影响，并且从个股投资者分歧视角可以解释股票风险 - 收益负相关这一金融异象。

（4）个股投资者分歧与股票特质风险 - 收益关系。因为个股层面的投资者分歧既会影响股票价格又会影响股票价格特质波动，所以，本书试图进一步研究个股层面的投资者分歧对股票特质风险 - 收益关系的作用。首先，本书针对我国 A 股市场的 2 441 只股票检验其特质风险 - 收益关系，进一步地，为了直接检验投资者分歧对个股层面的股票特质风险 - 收益关系是否具有显著的作用，本书基于个股价格特质波动指标和个股投资者分歧指标对整体股票样本运用二维分组方法，进而采用时间序列回归分析方法对由此构建的各股票组合进行分析。实证结果表明：股票特质风险 - 收益关系对于全体股票而言是显著为负的；在个股投资者分歧指标最小的股票和个股投资者分歧指标最大的股票这两类股票之中，股票特质风险 - 收益关系是非对称的；对于个股投资者分歧指标最小的股票而言，也就是对主卖投资者的力量强于主买投资者的力量并且主买投资者和主卖投资者之间分歧程度最大的股票而言，股票特质风险 - 收益关系是负向的；对于个股投资者分歧指标最大的股票而言，即对主买投资者的力量强于主卖投资者的力量同时主卖投资者和主买投资者之间分歧程度最大的股票而言，股票特质风险 - 收益关系是不显著的；个股投资者分歧指标最小股票中的负向特质风险 - 收益关系在强度上强于个股投资者分歧指标最大股票中的不显著的特质风险 - 收益关系。换言之，股票特质风险 - 收益关系在针对这两类不同的股票时是非对称的，从这一角度可以对股票预期收益与股票价格特质波动呈负相关这一金融异象进行解释。其次，因为考虑到公司和股票的特征变量也会对股票特质风险 - 收益关系产生影响，所以本书选取股票的规模特征、股票的发行年限特征和股票的机构持有特征作为不同的公司和股票特征，并以股票的公司特征、个股价格特质波动以及个股投资者分歧为依据对我国 A 股市场的 2 441 只股票进行三维分组，进一步对由此形成的不同股票组合分别进行时间序列回归分析。根据实证结果可知，个股投资者分歧指标对个股层面的股票特质风险 - 收益关系的作用不会受到公司和股票特征变量（股票的规模特征、股票的发行年限特征以及股票的机构持有特征）的影响。综上所述，个股投资者分歧对股票特质风险 - 收益关系具有显著的影响，同时通过个股投资者分歧指标这一角度可以对"特质波动之谜"这一金融异象进行解释。

由于有关投资者分歧影响股票价格波动、股票价格特质波动、股票风险 - 收益关系和股票特质风险 - 收益关系的研究还处于探索性阶段，所以本书还存在着一定的不足，有待于今后进一步的细化和完善。具体地，未来的研究可以在以下几个方面进行改善：

（1）投资者分歧实证检验的丰富。未来应该试图丰富投资者分歧对股票价格波动、股票价格特质波动、股票风险 - 收益关系和股票特质风险 - 收益关系的研究，进行更加详细的实证检验，得到更为全面的结论。比如，未来可以就投资者分歧指标度量的投资者范围进行细分，将投资者分歧指标细分为散户投资者分歧指标和机构投资者分歧指标，以定量分析散户投资者之间的分歧与机构投资者之间的分歧对股票价格波动、股票价格特质波动、股票风险 - 收益关系和股票特质风险 - 收益关系的差异影响，以更准确地刻画不同类型投资者的分歧对股票市场的影响；未来可以就投资者分歧的程度进行细分，构建主买投资者占优的极端投资者分歧指标、主买投资者占优的非极端投资者分歧指标、主卖投资者占优的极端投资者分歧指标和主卖投资者占优的非极端投资者分歧指标，以定量分析其对股票价格波动和股票价格特质波动的非对称效应，从而更深入地研究不同程度的投资者分歧对股票市场的影响等。

（2）投资者分歧的模型构建。本书从实证层面探讨了个股投资者分歧对股票价格波动、股票价格特质波动、股票风险 - 收益关系和股票特质风险 - 收益关系的影响，但是本书尚未从理论层面探讨这一问题。目前，有关于投资者分歧和股票价格波动、股票价格特质波动、股票风险 - 收益关系以及股票特质风险 - 收益关系的理论研究仍然存在一定的改进空间，因此，未来的研究应该试图从理论角度建立内涵一致的较为统一的研究框架，从而丰富行为金融相关理论，完善行为金融理论体系。

参考文献

◎ 陈守东，陈雷，刘艳武，2003. 中国沪深股市收益率及波动性相关分析 [J]. 金融研究（7）：80-85.

◎ 陈浪南，黄杰鲲，2002. 中国股票市场波动非对称性的实证研究 [J]. 金融研究（5）：67-73.

◎ 陈工孟，芮萌，2003. 中国股票市场的股票收益与波动关系研究 [J]. 系统工程理论与实践，23（10）：12-21.

◎ 陈国进，陶可，2011. 机构投资者的拥挤效应与蓝筹股泡沫 [J]. 系统工程（2）：1-8.

◎ 陈浪南，熊伟，2014. 公司特质波动决定因素研究：信息效率还是噪音交易？[J]. 中国会计评论（1）：1-16.

◎ 陈浪南，熊伟，欧阳艳艳，2016. 股市特质风险因子与噪声交易 [J]. 系统工程理论与实践，36（11）：2752-2763.

◎ 陈国进，张贻军，王景，2009. 再售期权、通胀幻觉与中国股市泡沫的影响因素分析 [J]. 经济研究（5）：106-107.

◎ 崔畅，2007. 货币政策工具对资产价格动态冲击的识别检验 [J]. 财经研究，33（7）：31-39.

◎ 邓雪春，郑振龙，2011. 中国股市存在"特质波动之谜"吗？[J]. 商业经济与管理，1（1）：60-67.

◎ 高峰，宋逢明，2003. 中国股市理性预期的检验 [J]. 经济研究（3）：61-69.

◎ 胡大春，金赛男，2007. 基金持股比例与 A 股市场收益波动的实证分析 [J]. 金融研究（4A）：129-142.

◎ 李浩，胡永刚，马知遥，2007. 国际贸易与中国的实际经济周期：基于封闭与开放经济的 RBC 模型比较分析 [J]. 经济研究（5）：17-26.

◎ 李冬昕，李心丹，俞红海，等，2014. 询价机构报价中的意见分歧与 IPO 定价机制研究 [J]. 经济研究（7）：151-164.

◎ 李科，陆蓉，夏翔，2015. 基金家族共同持股：意见分歧与股票收益 [J]. 经济研究（10）：64-75.

◎ 刘建徽，陈习定，张芳芳，等，2013. 机构投资者、波动性和股票收益：基于沪深 A 股股票市场的实证研究 [J]. 宏观经济研究（1）：45-56.

◎ 南晓莉，2015. 新媒体时代网络投资者意见分歧对 IPO 溢价影响：基于股票论坛数据挖掘方法 [J]. 中国软科学（10）：155-165.

◎ 祁斌，黄明，陈卓思，2006. 机构投资者与市场有效性 [J]. 金融研究（3）：76-84.

◎ 盛军锋，邓勇，汤大杰，2008. 中国机构投资者的市场稳定性影响研究 [J]. 金融研究（9）：143-151.

◎ 孙华好，马跃，2003. 中国货币政策与股票市场的关系 [J]. 经济研究（7）：44-53.

◎ 田华，曹家和，2003. 中国股票市场报酬与波动的 GARCH-M 模型 [J]. 系统工程理论与实践，23（8）：81-86.

◎ 王硕，李鹏程，杨宝臣，2016. 基于指令驱动市场 EKOP 模型的异质期望研究 [J]. 管理科学，29（3）：123-135.

◎ 熊伟，陈浪南，2015. 股票特质波动率、股票收益与投资者情绪 [J]. 管理科学，28（5）：106-115.

◎ 徐亚平，2009. 公众学习、预期引导与货币政策的有效性 [J]. 金融研究（1）：50-65.

◎ 许均华，李启亚，2001. 宏观政策对我国股市影响的实证研究 [J]. 经济研究（9）：12-21.

◎ 薛文忠，2012. 机构投资者对股票市场波动的影响 [D]. 大连：东北财经大学.

◎ 易纲，王召，2002. 货币政策与金融资产价格 [J]. 经济研究（3）：13-20.

◎ 游宗君，王鹏，石建昌，2010. 中国股票市场的收益与波动关系 [J]. 系统管理学报，19（2）：183-190.

◎ 俞红海，李心丹，耿子扬，2015. 投资者情绪、意见分歧与中国股市 IPO 之谜 [J]. 管理科学学报（3）：78-89.

◎ 周晖，2010. 货币政策、股票资产价格与经济增长 [J]. 金融研究（2）：91-101.

◎ 周虎群，李育林，2010. 国际金融危机下人民币汇率与股价联动关系研究 [J]. 国际金融研究（8）：69-76.

◎ 周晖，王擎，2009. 货币政策与资产价格波动：理论模型与中国的经验分析 [J]. 经济研究（10）：61-74.

◎ 邹文理，王曦，2011. 预期与未预期的货币政策对股票市场的影响 [J]. 国际金融研究（11）：87-96.

◎ 左浩苗，刘振涛，2011. 跳跃风险度量及其在风险：收益关系检验中的应用 [J]. 金融研究（10）：170-184.

◎ AABO T, PANTZALIS C, PARK J, 2017. Idiosyncratic volatility: an indicator of noise trading?[J]. Journal of banking & finance, 75: 136-151.

◎ ABEL A B, 1988. Stock prices under time-varying dividend risk: an exact solution in an infinite-horizon general equilibrium model[J]. Journal of monetary economics, 22(3): 375-393.

◎ ABREU D, BRUNNERMEIER M K, 2002. Synchronization risk and delayed arbitrage[J]. Journal of financial economics, 66(2): 341-360.

◎ ABREU D, BRUNNERMEIER M K, 2003. Bubbles and crashes[J]. Econometrica, 71(1): 173-204.

◎ ACHARYA V, PHILIPPON T, RICHARDSON M, et al, 2009. Prologue: a bird's eye view. The financial crisis of 2007-2009: causes and remedies[J]. Wiley periodicals, 18(2): 89-137.

◎ ALLEN S D, CONNOLLY R A, 1989. Financial market effects on aggregate money demand: a Bayesian analysis[J]. Journal of money, credit and banking, 21(2): 158-175.

◎ ANG A, HODRICK R J, XING Y, et al, 2006. The cross-section of volatility and expected returns[J]. The journal of finance, 61(1): 259-299.

◎ ANG A, HODRICK R J, XING Y, et al, 2009. High idiosyncratic volatility and low returns: international and further US evidence[J]. Journal of financial economics, 91(1): 1-23.

◎ BACKUS D K, GREGORY A W, 1993. Theoretical relations between risk premiums and conditional variances[J]. Journal of business & economic statistics, 11(2): 177-185.

◎ BADRINATH S G, GAY G D, KALE J R, 1989. Patterns of institutional investment, prudence, and the managerial "safety-net" hypothesis[J]. Journal of risk and insurance, 56(4): 605-629.

◎ BAKER S D, HOLLIFIELD B, OSAMBELA E, 2016. Disagreement, speculation, and aggregate investment[J]. Journal of financial economics, 119(1): 210-225.

◎ BALI T G, CAKICI N, 2008. Idiosyncratic volatility and the cross section of expected returns[J]. Journal of Financial and Quantitative Analysis, 43(1): 29-58.

◎ BALI T G, CAKICI N, WHITELAW R F, 2011. Maxing out: Stocks as lotteries and the cross-section of expected returns[J]. Journal of Financial Economics, 99 (2): 427-446.

◎ BALI T G, CAKICI N, YAN X S, et al, 2005. Does idiosyncratic risk really matter? [J]. The journal of finance, 60(2): 905-929.

◎ BALI T G, PENG L, 2006. Is there a risk-return trade-off? Evidence from high-frequency data[J]. Journal of applied econometrics, 21(8): 1169-1198.

◎ BALVERS R J, HUANG D, 2009. Money and the C-CAPM[J]. Journal of financial and quantitative analysis, 44(2): 337-368.

◎ BAMBER L S, BARRON O E, STOBER T L, 1999. Differential interpretations and trading volume[J]. Journal of financial and quantitative analysis, 34(3): 369-386.

◎ BANERJEE S, KREMER I, 2010. Disagreement and learning: dynamic patterns of trade[J]. The journal of finance, 65(4): 1269-1302.

◎ BARBERIS N, HUANG M, 2001a. Mental accounting, loss aversion, and individual stock returns[J]. The journal of finance, 56(4): 1247-1292.

◎ BARBERIS N, HUANG M, SANTOS T, 2001b. Prospect theory, asset prices[J]. The quarterly journal of economics, 116 (1): 1-53.

◎ BARBERIS N, SHLEIFER A, VISHNY R, 1998. A model of investor sentiment [J]. Journal of financial economics, 49(3): 307-343.

◎ BARBERIS N, THALER R, 2003. A survey of behavioral finance[J]. Handbook of the economics of finance, 1: 1053-1128.

◎ BARRON O E, 1995. Trading volume and belief revisions that differ among individual analysts[J]. Accounting review, 70(4): 581-597.

◎ BEKAERT G, WU G, 2000. Asymmetric volatility and risk in equity markets[J]. Review of financial studies, 13(1): 1-42.

◎ BENNETT J A, SIAS R W, STARKS L T, 2003. Greener pastures and the impact of dynamic institutional preferences[J]. Review of financial studies, 16(4): 1203-1238.

◎ BERNANKE B S, KUTTNER K N, 2005. What explains the stock market's reaction to Federal Reserve policy?[J]. The journal of finance, 60(3): 1221-1257.

◎ BHOOTRA A, HUR J, 2015. High idiosyncratic volatility and low returns: a prospect theory explanation[J]. Financial management, 44(2): 295-322.

◎ Bjørnland H C, LEITEMO K, 2009. Identifying the interdependence between US monetary policy and the stock market[J]. Journal of monetary economics, 56(2): 275-282.

◎ BLACK F, 1986. Noise[J]. The journal of finance, 41(3): 528-543.

◎ BLEY J, SAAD M, 2012. Idiosyncratic risk and expected returns in frontier markets: Evidence from GCC[J]. Journal of international financial markets, institutions and money, 22(3): 538-554.

◎ BOEHME R D, DANIELSEN B R, KUMAR P, et al, 2009. Idiosyncratic risk and the cross-section of stock returns: Merton (1987) meets Miller (1977)[J]. Journal of financial markets, 12(3): 438-468.

◎ BOEHME R D, DANIELSEN B R, SORESCU S M, 2006. Short-sale constraints, differences of opinion, and overvaluation[J]. Journal of financial and quantitative analysis, 41(2): 455-487.

◎ BOYER B, MITTON T, VORKINK K, 2010. Expected idiosyncratic skewness [J]. Review of financial studies, 23(1): 169-202.

◎ BRANDT M W, BRAV A, GRAHAM J R, et al, 2010. The idiosyncratic volatility puzzle: time trend or speculative episodes?[J]. Review of financial studies, 23(2): 863-899.

◎ BRANDT M W, KANG Q, 2004. On the relationship between the conditional mean and volatility of stock returns: a latent VAR approach[J]. Journal of financial economics, 72(2): 217-257.

◎ BREDIN D, HYDE S, NITZSCHE D, et al, 2007. UK stock returns and the impact of domestic monetary policy shocks[J]. Journal of business finance & accounting, 34(5-6): 872-888.

◎ BRENNAN M J, CHORDIA T, SUBRAHMANYAM A, 1998. Alternative factor specifications, security characteristics, and the cross-section of expected stock returns[J]. Journal of financial economics, 49(3): 345-373.

◎ BROWN G, KAPADIA N, 2007. Firm-specific risk and equity market development[J]. Journal of financial economics, 84: 358-388.

◎ BRUNNERMEIER M K, 2009. Deciphering the liquidity and credit crunch 2007-2008[J]. The journal of economic perspectives, 23(1): 77-100.

◎ CAHAN R, LUO Y, 2013. Standing out from the crowd: measuring crowding in quantitative strategies[J]. Journal of portfolio management, 39(4): 14-23.

◎ CAMPBELL J Y, 1987. Stock returns and the term structure[J]. Journal of financial economics, 18(2): 373-399.

◎ CAMPBELL J Y, HENTSCHEL L, 1992. No news is good news: an asymmetric model of changing volatility in stock returns[J]. Journal of financial economics, 31(3): 281-318.

◎ CAMPBELL J Y, KYLE A S, 1993. Smart money, noise trading and stock price behavior[J]. The Review of economic studies, 60(1): 1-34.

◎ CAMPBELL J Y, LETTAU M, MALKIEL B G, et al, 2001. Have individual stocks become more volatile? An empirical exploration of idiosyncratic risk[J]. The journal of finance, 56(1): 1-43.

◎ CAMPBELL J Y, VUOLTEENAHO T, 2004. Inflation illusion and stock prices[J]. American economic review, 94(2): 19-23.

◎ CAO J, HAN B, 2013. Cross section of option returns and idiosyncratic stock volatility[J]. Journal of financial economics, 108(1): 231-249.

◎ CAO C, SIMIN T, ZHAO J, 2008. Can growth options explain the trend in idiosyncratic risk?[J]. Review of financial studies, 21(6): 2599-2633.

◎ CARLIN B I, LONGSTAFF F A, MATOBA K, 2014. Disagreement and asset prices[J]. Journal of financial economics, 114(2): 226-238.

◎ CHABI-YO F, 2011. Explaining the idiosyncratic volatility puzzle using stochastic discount factors[J]. Journal of banking & finance, 35(8): 1971-1983.

◎ CHAN K C, KAROLYI G A, STULZ R M, 1992. Global financial markets and the risk premium on U.S. equity[J]. Journal of financial economics, 32(2): 137-167.

◎ CHEN J, HONG H, STEIN J C, 2002. Breadth of ownership and stock returns[J]. Journal of financial economics, 66(2): 171-205.

◎ CHEN Z, PETKOVA R, 2012. Does idiosyncratic volatility proxy for risk exposure?

[J]. Review of financial studies, 25(9): 2745-2787.

◎ CHORDIA T, SARKAR A, SUBRAHMANYAM A, 2005. An empirical analysis of stock and bond market liquidity[J]. Review of financial studies, 18(1): 85-129.

◎ CHORDIA T, SWAMINATHAN B, 2000. Trading volume and cross-autocorrelations in stock returns[J]. The journal of finance, 55(2): 913-935.

◎ CHUA C T, GOH J, ZHANG Z, 2010. Expected volatility, unexpected volatility, and the cross-section of stock returns[J]. Journal of financial research, 33(2): 103-123.

◎ CLARK P K, 1973. A subordinated stochastic process model with finite variance for speculative prices[J]. Econometrica: journal of the econometric society, 41(1): 135-155.

◎ CLAYTON M J, HARTZEL J C, ROSENBERG J V, 2005. The impact of CEO turnover on equity volatility[J]. Journal of business, 78:1779-1808.

◎ COLACITO R, CROCE M M, 2011. Risks for the long-run and the real exchange rate[J]. Journal of political economy, 119(1).

◎ CUTLER D M, POTERBA J M, SUMMERS L H, 1990. Speculative dynamics and the role of feedback traders[J]. American economic review, 80(2): 63-68.

◎ DA Z, ENGELBERG J, GAO P, 2015. The sum of all FEARS investor sentiment and asset prices[J]. Review of financial studies, 28(1): 1-32.

◎ DANIEL K, HIRSHLEIFER D, SUBRAHMANYAM A, 1998. Investor psychology and security market under- and overreactions[J]. The journal of finance, 53(6): 1839-1885.

◎ DECHOW P M, HUTTON A P, SLOAN R G, 2000. The relation between analysts' forecasts of long-term earnings growth and stock price performance following equity offerings[J]. Contemporary accounting research, 17(1): 1-32.

◎ DELLAVIGNA S, POLLET J M, 2009. Investor inattention and Friday earnings announcements[J]. The journal of finance, 64(2): 709-749.

◎ DE LONG J B, SHLEIFER A, SUMMERS L H, et al, 1990. Noise trader risk in financial markets[J]. Journal of political economy, 98(4): 703-738.

◎ DIETHER K B, MALLOY C J, SCHERBINA A, 2002. Differences of opinion and the cross section of stock returns[J]. The journal of finance, 57(5): 2113-2141.

◎ DOUKAS J A, KIM C, PANTZALIS C, 2004. Divergent opinions and the performance of value stocks[J]. Financial analysts journal, 60(6): 55-64.

◎ DUAN Y, HU G, MCLEAN R D, 2010. Costly arbitrage and idiosyncratic risk: Evidence from short sellers[J]. Journal of financial intermediation, 19(4): 564-579.

◎ DZIELINSKI M, RIEGER M, TALPSEPP T, 2018. Asymmetric attention and volatility asymmetry[J]. Journal of empirical finance, 45: 59-67.

◎ EPPS T W, EPPS M L, 1976. The stochastic dependence of security price changes and transaction volumes: implications for the mixture-of-distributions hypothesis [J]. Econometrica: journal of the econometric society, 44(2): 305-321.

◎ FALKENSTEIN E G, 1996. Preferences for stock characteristics as revealed by mutual fund portfolio holdings[J]. The journal of finance, 51(1): 111-135.

◎ FAMA E F, FISHER L, JENSEN M C, et al, 1969. The adjustment of stock prices to new information[J]. International economic review, 10(1): 1-21.

◎ FAMA E F, FRENCH K R, 1993. Common risk factors in the returns on stocks and bonds[J]. Journal of financial economics, 33(1): 3-56.

◎ FAUGERE C, SHAWKY H A, 2003. Volatility and institutional investor holdings in a declining market: a study of Nasdaq during the year 2000[J]. Journal of applied finance, 13(2): 32-42.

◎ FERREIRA M A, LAUX P A, 2007. Corporate governance, idiosyncratic risk, and information flow[J]. The journal of finance, 62: 951-989.

◎ FINK J, FINK K E, GRULLON G, et al, 2010. What drove the increase in idiosyncratic volatility during the internet boom?[J]. Journal of financial and quantitative analysis, 45(5): 1253-1278.

◎ FOUCAULT T, SRAER D, THESMAR D J, 2011. Individual investors and volatility[J]. The journal of finance, 66(4): 1369-1406.

◎ FRENCH K R, ROLL R, 1986. Stock return variances: The arrival of information and the reaction of traders[J]. Journal of financial economics, 17(1): 5-26.

◎ FRENCH K R, SCHWERT G W, STAMBAUGH R F, 1987. Expected stock returns and volatility[J]. Journal of financial economics, 19(1): 3-29.

◎ FROOT K A, SCHARFSTEIN D S, STEIN J C, 1992. Herd on the street: Informational inefficiencies in a market with short-term speculation[J]. The journal of finance, 47(4): 1461-1484.

◎ FU F, 2009. Idiosyncratic risk and the cross-section of expected stock returns[J]. Journal of financial economics, 91(1): 24-37.

◎ GALLAGHER L A, TAYLOR M P, 2002. The stock return-inflation puzzle revisited[J]. Economics letters, 75(2): 147-156.

◎ GARFINKEL J A, 2009. Measuring investors' opinion divergence[J]. Journal of accounting research, 47(5): 1317-1348.

◎ GARFINKEL J A, SOKOBIN J, 2006. Volume, opinion divergence, and returns: a study of post-earnings announcement drift[J]. Journal of accounting research, 44(1): 85-112.

◎ GASPAR J M, MASSA M, 2006. Idiosyncratic volatility and product market competition[J]. The journal of business, 79(6): 3125-3152.

◎ GHARGHORI P, SEE Q, VEERARAGHAVAN M, 2011. Difference of opinion and the cross-section of equity returns: Australian evidence[J]. Pacific-Basin finance journal, 19(4): 435-446.

◎ GHYSELS E, SANTA-CLARA P, VALKANOV R, 2005. There is a risk-return trade-off after all[J]. Journal of financial economics, 76(3): 509-548.

◎ GLOSTEN L R, JAGANNATHAN R, RUNKLE D E, 1993. On the relation between the expected value and the volatility of the nominal excess return on stocks[J]. The journal of finance, 48(5): 1779-1801.

◎ GOETZMANN W N, KUMAR A, 2005a. Why do individual investors hold under-diversified portfolios?[R]. New Haven: Yale School of Management.

◎ GOETZMANN W N, MASSA M, 2005b. Dispersion of opinion and stock returns [J]. Journal of financial markets, 8(3): 324-349.

◎ GOMPERS P A, METRICK A, 2001. Institutional investors and equity prices[J]. Quarterly journal of economics, 116(1): 229-259.

◎ GOYAL A, SANTA-CLARA P, 2003. Idiosyncratic risk matters![J]. The journal of finance, 58(3): 975-1007.

◎ GREGORIOU A, KONTONIKAS A, MACDONALD R, et al, 2009. Monetary policy shocks and stock returns: evidence from the British market[J]. Financial markets and portfolio management, 23(4): 401-410.

◎ GROMB D, VAYANOS D, 2002. Equilibrium and welfare in markets with financially constrained arbitrageurs[J]. Journal of financial economics, 66(2): 361-407.

◎ GROSSMAN S J, STIGLITZ J E, 1980. On the impossibility of informationally efficient markets[J]. The American economic review, 70(3): 393-408.

◎ GU M, KANG W, XU B, 2018. Limits of arbitrage and idiosyncratic volatility: Evidence from China stock market[J]. Journal of banking & finance, 86: 240-258.

◎ GUO H, NEELY C J, 2008. Investigating the intertemporal risk-return relation in international stock markets with the component GARCH model[J]. Economics letters, 99(2): 371-374.

◎ GUO H, SAVICKAS R, 2006a. Idiosyncratic volatility, stock market volatility, and expected stock returns[J]. Journal of business & economic statistics, 24(1): 43-56.

◎ GUO H, WHITELAW R F, 2006b. Uncovering the risk-return relation in the stock market[J]. The journal of finance, 61(3): 1433-1463.

◎ GUSTAFSON K, HALPER P, 2010. Are quants all fishing in the same small pond with the same tackle box?[J]. The journal of investing, 19(4): 104-115.

◎ HANSON S G, SUNDERAM A, 2014. The growth and limits of arbitrage: Evidence from short interest[J]. Review of financial studies, 27(4): 1238-1286.

◎ HARRIS M, RAVIV A, 1993. Differences of opinion make a horse race[J]. Review of financial studies, 6(3): 473-506.

◎ HARRISON J M, KREPS D M, 1978. Speculative investor behavior in a stock market with heterogeneous expectations[J]. The quarterly journal of economics, 92(2): 323-336.

◎ HARRISON P, ZHANG H H, 1999. An investigation of the risk and return relation at long horizons[J]. Review of economics and statistics, 81(3): 399-408.

◎ HARVEY C R, 2001. The specification of conditional expectations[J]. Journal of empirical finance, 8(5): 573-637.

◎ HO K Y, SHI Y, ZHANG Z, 2013. How does news sentiment impact asset volatility?Evidence from long memory and regime-switching approaches[J]. The North American journal of economics and finance, 26: 436-456.

◎ HONG H, KUBIK J D, FISHMAN T, 2012. Do arbitrageurs amplify economic shocks?[J]. Journal of financial economics, 103(3): 454-470.

◎ HONG H, LI W, NI S X, SCHEINKMAN J A, et al, 2015. Days to cover and stock returns. In NBER Working Paper.

◎ HONG H, STEIN J C, 1999. A unified theory of underreaction, momentum trading, overreaction in asset markets[J]. Journal of finance, 54(6), 2143-2184.

◎ HONG H, STEIN J C, 2003. Differences of opinion, short-sales constraints, and market crashes[J]. Review of financial studies, 16(2): 487-525.

◎ HONG H, STEIN J C, 2007. Disagreement and the stock market[J]. The journal of economic perspectives, 21(2): 109-128.

◎ HOU K, 2007. Industry information diffusion and the lead-lag effect in stock returns[J]. Review of financial studies, 20(4): 1113-1138.

◎ HOU K, LOH R K, 2016. Have we solved the idiosyncratic volatility puzzle?[J]. Journal of financial economics, 121(1): 167-194.

◎ HUANG W, LIU Q, RHEE S G, et al, 2010. Return reversals, idiosyncratic risk, and expected returns[J]. Review of financial studies, 23(1): 147-168.

◎ HUBERMAN G, 2001. Familiarity breeds investment[J]. Review of financial studies, 14(3): 659-680.

◎ HUENG C J, YAU R, 2013. Country-specific idiosyncratic risk and global equity index returns[J]. International review of economics & finance, 25: 326-337.

◎ IOANNIDIS C, KONTONIKAS A, 2008. The impact of monetary policy on stock prices[J]. Journal of policy modeling, 30(1): 33-53.

◎ IRVINE P J, PONTIFF J, 2009. Idiosyncratic return volatility, cash flows, and product market competition[J]. Review of financial studies, 22(3): 1149-1177.

◎ JIA Y, YANG C, 2017. Disagreement and the risk-return relation[J]. Economic modelling, 64: 97-104.

◎ JIANG X, LEE B S, 2014. The intertemporal risk-return relation: A bivariate model approach[J]. Journal of financial markets, 18: 158-181.

◎ JIANG G J, XU D, YAO T, 2009. The information content of idiosyncratic volatility [J]. Journal of financial and quantitative analysis, 44(1): 1-28.

◎ KANDEL E, PEARSON N D, 1995. Differential interpretation of public signals and trade in speculative markets[J]. Journal of political economy, 103(4): 831-872.

◎ KANG J, LEE E, SIM M, 2014. Retail investors and the idiosyncratic volatility puzzle: evidence from the Korean stock market[J]. Asia-Pacific journal of financial studies, 43(2): 183-222.

◎ KELLEY E K, TETLOCK P C, 2013. How wise are crowds? Insights from retail orders and stock returns[J]. The journal of finance, 68(3): 1229-1265.

◎ KHANDANI A E, LO A W, 2011. What happened to the quants in August 2007? Evidence from factors and transactions data[J]. Journal of financial markets, 14

(1): 1-46.

◎ KIM J S, RYU D, SEO S W, 2014. Investor sentiment and return predictability of disagreement[J]. Journal of banking & finance, 42: 166-178.

◎ KINNUNEN J, 2014. Risk-return trade-off and serial correlation: Do volume and volatility matter?[J]. Journal of financial markets, 20: 1-19.

◎ KUTTNER K N, 2001. Monetary policy surprises and interest rates: Evidence from the Fed funds futures market[J]. Journal of monetary economics, 47(3): 523-544.

◎ KYLE A S, 1985. Continuous auctions and insider trading[J]. Econometrica: journal of the econometric society, 53(6): 1315-1335.

◎ KYLE A S, XIONG W, 2001. Contagion as a wealth effect[J]. The journal of finance, 56(4): 1401-1440.

◎ LEE W Y, JIANG C X, INDRO D C, 2002. Stock market volatility, excess returns, and the role of investor sentiment[J]. Journal of banking & finance, 26(12): 2277-2299.

◎ LEE D W, LIU M H, 2011. Does more information in stock price lead to greater or smaller idiosyncratic return volatility?[J]. Journal of banking & finance, 35(6): 1563-1580.

◎ LEE C, READY M J, 1991. Inferring trade direction from intraday data[J]. The journal of finance, 46(2): 733-746.

◎ LEROY S F, PORTER R D, 1981. The present-value relation: Tests based on implied variance bounds[J]. Econometrica: journal of the econometric society, 49(3): 555-574.

◎ LEVY H, 1978. Equilibrium in an imperfect market: A constraint on the number of securities in the portfolio[J]. The american economic review, 68(4): 643-658.

◎ LI L, FLEISHER B M, 2004. Heterogeneous expectations and stock prices in segmented markets: application to Chinese firms[J]. The quarterly review of economics and finance, 44(4): 521-538.

◎ LIN H, MCNICHOLS M F, 1998. Underwriting relationships, analysts' earnings forecasts and investment recommendations[J]. Journal of accounting and economics, 25(1): 101-127.

◎ LINTNER J, 1965. The valuation of risk assets and the selection of risky investments in stock portfolios and capital budgets[J]. The review of economics and statistics, 47(1): 13-37.

◎ LIPPI F, NERI S, 2007. Information variables for monetary policy in an estimated structural model of the euro area[J]. Journal of monetary economics, 54(4): 1256-1270.

◎ LIU J, STAMBAUGH R F, YUAN Y, 2018. Absolving beta of volatility's effects [J]. Journal of financial economics, 128(1): 1-15.

◎ LOU D, POLK C, 2013. Comomentum: Inferring arbitrage activity from return correlations[M]. [S.l.]: Paul Woolley Centre for the Study of Capital Market Dysfunctionality.

◎ LUINTEL K B, PAUDYAL K, 2006. Are common stocks a hedge against inflation? [J]. Journal of financial research, 29(1): 1-19.

◎ LUNDBLAD C, 2007. The risk return tradeoff in the long run: 1836–2003[J]. Journal of financial economics, 85(1): 123-150.

◎ MARKOWITZ H, 1952. Portfolio selection[J]. The journal of finance, 7(1): 77-91.

◎ MCNICHOLS M, O'BRIEN P C, 1997. Self-selection and analyst coverage[J]. Journal of accounting research, 35: 167-199.

◎ MENKVELD A J, 2015. Crowded trades: An overlooked systemic risk for central clearing counterparties[C]. AFA 2015 Boston Meetings.

◎ MENKVELD A J, 2016. Systemic risk in central clearing: Should crowded trades be avoided?[J]. In SSRN Working Paper.

◎ MERTON R C, 1973. An intertemporal capital asset pricing model[J]. Econometrica: journal of the econometric society, 41(5): 867-887.

◎ MERTON R C, 1980. On estimating the expected return on the market: An exploratory investigation[J]. Journal of financial economics, 8(4): 323-361.

◎ MERTON R C, 1987. A simple model of capital market equilibrium with incomplete information[J]. Journal of finance, 42(3): 483-510.

◎ MIFFRE J, BROOKS C, LI X, 2013. Idiosyncratic volatility and the pricing of poorly-diversified portfolios[J]. International review of financial analysis, 30: 78-85.

◎ MILLER E M, 1977. Risk, uncertainty, and divergence of opinion[J]. The journal of finance, 32(4): 1151-1168.

◎ MISHKIN F S, 2009. Is monetary policy effective during financial crises?[J]. American economic review, 99(2): 573-577.

◎ MOELLER S B, SCHLINGEMANN F P, STULZ R M, 2007. How do diversity of opinion and information asymmetry affect acquirer returns?[J]. Review of financial studies, 20(6): 2047-2078.

◎ MOSSIN J, 1966. Equilibrium in a capital asset market[J]. Econometrica: journal of the econometric society, 34(4): 768-783.

◎ NAGEL S, 2005. Short sales, institutional investors and the cross-section of stock returns[J]. Journal of financial economics, 78(2): 277-309.

◎ NELSON D B, 1991. Conditional heteroskedasticity in asset returns: A new approach [J]. Econometrica: journal of the econometric society, 59(2): 347-370.

◎ NYBERG H, 2012. Risk-return tradeoff in US stock returns over the business cycle [J]. Journal of financial and quantitative analysis, 47: 137-158.

◎ PAN Y, WANG T Y, WEISBACH M S, 2015. Learning about CEO ability and stock return volatility[J]. Review of financial studies, 28(6): 1623-1666.

◎ PARK C, 2005. Stock return predictability and the dispersion in earnings forecasts [J]. The journal of business, 78(6): 2351-2376.

◎ PÁSTOR L', SINHA M, SWAMINATHAN B, 2008. Estimating the intertemporal risk-return tradeoff using the implied cost of capital[J]. The journal of finance, 63 (6): 2859-2897.

◎ PEDERSEN L H, 2009. When everyone runs for the exits[J]. Journal of central banking, 5: 177-199.

◎ PENG L, XIONG W, 2006. Investor attention, overconfidence and category learning [J]. Journal of financial economics, 80(3): 563-602.

◎ PETERSEN M A, FIALKOWSKI D, 1994. Posted versus effective spreads: Good prices or bad quotes?[J]. Journal of financial economics, 35(3): 269-292.

◎ PLEROU V, GABAIX X, STANLEY H E et al, 2006. Institutional investors and stock market volatility[J]. Quaterly journal of economics, 121(2): 461-504.

◎ POJARLIEV M, LEVICH R M, 2011. Detecting crowded trades in currency funds [J]. Financial analysts journal, 67(1): 26-39.

◎ RAJGOPAL S, VENKATACHALAM M, 2011. Financial reporting quality and idiosyncratic return volatility[J]. Journal of accounting and economics, 51(1): 1-20.

◎ SCHARFSTEIN D S, STEIN J C, 1990. Herd behavior and investment[J]. The American economic review, 80(3): 465-479.

◎ SCHEINKMAN J A, XIONG W, 2003. Overconfidence and speculative bubbles[J]. Journal of political economy, 111(6): 1183-1220.

◎ SHALEN C T, 1993. Volume, volatility, and the dispersion of beliefs[J]. Review of financial studies, 6(2): 405-434.

◎ SHARPE W F, 1964. Capital asset prices: A theory of market equilibrium under conditions of risk[J]. The journal of finance, 19(3): 425-442.

◎ SHILLER R J, 1981. Do stock price move too much to be justified by subsequent changes in dividends?[J]. American economies review, 71: 421-436.

◎ SHILLER R J, 2001. Market volatility and investor behavior[J]. American economic review, 80(2): 58-62.

◎ SHILLER R J, 2011. Democratizing and humanizing finance[M]//Reforming U.S. Financial Markets: Reflections Before and Beyond Dodd-Frank, edited by Randall S. Kroszner and Robert J. Shiller, Alvin Hansen Symposium on Public Policy at Harvard University. Cambridge MA: MIT Press.

◎ SHILLER R J, 2014. Speculative asset prices[J]. American economic review, 104(6): 1486-1517(32).

◎ SHILLER R J, 2015. Irrational exuberance[M]. Princeton: Princeton University Press.

◎ SHLEIFER A, VISHNY R W, 1997. The limits of arbitrage[J]. The journal of finance, 52(1): 35-55.

◎ SIAS R W, 1996. Volatility and the institutional investor[J]. Financial analysts journal, 52(2): 13-20.

◎ SONG Z, 2016. Asset growth and idiosyncratic return volatility[J]. Review of finance, 20(3): 1235-1258.

◎ STAMBAUGH R F, YU J, YUAN Y, 2015. Arbitrage asymmetry and the idiosyncratic volatility puzzle[J]. The journal of finance, 70(5): 1903-1948.

◎ STEIN J C, 2009. Presidential address: Sophisticated investors and market efficiency[J]. The journal of finance, 64(4): 1517-1548.

◎ TAUCHEN G E, PITTS M, 1983. The price variability-volume relationship on speculative markets[J]. Econometrica: journal of the econometric society, 51(2): 485-505.

◎ TINIC S M, WEST R R, 1986. Risk, return, and equilibrium: a revisit[J]. The journal of political economy, 94(1): 126-147.

◎ TURNER C M, STARTZ R, NELSON C R, 1989. A Markov model of heteroskedasticity, risk, and learning in the stock market[J]. Journal of financial economics, 25(1): 3-22.

◎ VARIAN H R, 1985. Divergence of opinion in complete markets: A note[J]. The journal of finance, 40(1): 309-317.

◎ VERMA R, VERMA P, 2007. Noise trading and stock market volatility[J]. Journal of multinational financial management, 17(3): 231-243.

◎ VERMA R, VERMA P, 2008. Are survey forecasts of individual and institutional investor sentiments rational?[J]. International review of financial analysis, 17(5): 1139-1155.

◎ VLASTAKIS N, MARKELLOS R N, 2012. Information demand and stock market volatility[J]. Journal of banking & finance, 36(6): 1808-1821.

◎ VOZLYUBLENNAIA N, 2013. Do firm characteristics matter for the dynamics of idiosyncratic risk?[J]. Journal of international financial markets, Institutions and Money, 27: 35-46.

◎ WANG J, 1993. A model of intertemporal asset prices under asymmetric information [J]. The review of economic studies, 60(2): 249-282.

◎ WANG J, 1994. A model of competitive stock trading volume[J]. Journal of political economy, 102(1): 127-168.

◎ WEI S X, ZHANG C, 2006. Why did individual stocks become more volatile?[J]. The journal of business, 79(1): 259-292.

◎ WERMERS R, 1999. Mutual fund herding and the impact on stock prices[J]. The journal of finance, 54(2): 581-622.

◎ WHITELAW R F, 1994. Time variations and covariations in the expectation and volatility of stock market returns[J]. The journal of finance, 49(2): 515-541.

◎ WHITELAW R F, 2000. Stock market risk and return: an equilibrium approach [J]. Review of financial studies, 13(3): 521-547.

◎ XU Y, MALKIEL B G, 2003. Investigating the behavior of idiosyncratic volatility [J]. The journal of business, 76(4): 613-645.

◎ YANG C, JIA Y, 2016. Buy-sell imbalance and the mean-variance relation[J]. Pacific-Basin finance journal, 40: 49-58.

◎ YANG C, LI J, 2013. Investor sentiment, information and asset pricing model[J]. Economic modelling, 35: 436-442.

◎ YANG C, LI J, 2014. Two-period trading sentiment asset pricing model with information[J]. Economic modelling, 36: 1-7.

◎ YANG C, ZHANG R, 2013a. Sentiment asset pricing model with consumption[J]. Economic modelling, 30: 462-467.

◎ YANG C, ZHANG R, 2013b. Dynamic asset pricing model with heterogeneous sentiments[J]. Economic modelling, 33: 248-253.

◎ YANG C, ZHANG R, 2014. Dynamic sentiment asset pricing model[J]. Economic modelling, 37: 362-367.

◎ YANG C, ZHOU L, 2015. Sentiment approach to underestimation and overestimation pricing model[J]. Economic modelling, 51: 280-288.

◎ YU J, 2011. Disagreement and return predictability of stock portfolios[J]. Journal of financial economics, 99(1): 162-183.

◎ YU J, HUANG H H, HSU S W, 2014. Investor sentiment influence on the risk-reward relation in the Taiwan stock market[J]. Emerging markets finance and trade, 50(sup2): 174-188.

◎ YU J, YUAN Y, 2011. Investor sentiment and the mean-variance relation[J]. Journal of financial economics, 100(2): 367-381.

◎ ZAPATERO F, 1998. Effects of financial innovations on market volatility when beliefs are heterogeneous[J]. Journal of economic dynamics and control, 22(4): 597-626.

◎ ZHANG X, 2006. Information uncertainty and stock returns[J]. The journal of finance, 61: 105-137.

◎ ZWEIG M E, 1973. An investor expectations stock price predictive model using closed-end fund premiums[J]. The journal of finance, 28(1): 67-78.